LINGUAGENS E PENSAMENTO
A Lógica na Razão e na Desrazão

Coleção Clínica Psicanalítica
Títulos publicados

1. **Perversão**
   Flávio Carvalho Ferraz

2. **Psicossomática**
   Rubens Marcelo Volich

3. **Emergências Psiquiátricas**
   Alexandra Sterian

4. **Borderline**
   Mauro Hegenberg

5. **Depressão**
   Daniel Delouya

6. **Paranoia**
   Renata Udler Cromberg

7. **Psicopatia**
   Sidney Kiyoshi Shine

8. **Problemáticas da Identidade Sexual**
   José Carlos Garcia

9. **Anomia**
   Marilucia Melo Meireles

10. **Distúrbios do Sono**
    Nayra Cesaro Penha Ganhito

11. **Neurose Traumática**
    Myriam Uchitel

12. **Autismo**
    Ana Elizabeth Cavalcanti
    Paulina Schmidtbauer Rocha

13. **Esquizofrenia**
    Alexandra Sterian

14. **Morte**
    Maria Elisa Pessoa Labaki

15. **Cena Incestuosa**
    Renata Udler Cromberg

16. **Fobia**
    Aline Camargo Gurfinkel

17. **Estresse**
    Maria Auxiliadora de A. C. Arantes
    Maria José Femenias Vieira

18. **Normopatia**
    Flávio Carvalho Ferraz

19. **Hipocondria**
    Rubens Marcelo Volich

20. **Epistemopatia**
    Daniel Delouya

21. **Tatuagem e Marcas Corporais**
    Ana Costa

22. **Corpo**
    Maria Helena Fernandes

23. **Adoção**
    Gina Khafif Levinzon

24. **Transtornos da Excreção**
    Marcia Porto Ferreira

25. **Psicoterapia Breve**
    Mauro Hegenberg

26. **Infertilidade e Reprodução Assistida**
    Marina Ribeiro

27. **Histeria**
    Silvia Leonor Alonso
    Mario Pablo Fuks

28. **Ressentimento**
    Maria Rita Kehl

29. **Demências**
    Delia Catullo Goldfarb

30. **Violência**
    Maria Laurinda Ribeiro de Souza

31. **Clínica da Exclusão**
    Maria Cristina Poli

32. **Disfunções Sexuais**
    Cassandra Pereira França

33. **Tempo e Ato na Perversão**
    Flávio Carvalho Ferraz

34. **Transtornos Alimentares**
    Maria Helena Fernandes

35. **Psicoterapia de Casal**
    Purificacion Barcia Gomes
    Ieda Porchat

36. **Consultas Terapêuticas**
    Maria Ivone Accioly Lins
37. **Neurose Obsessiva**
    Rubia Delorenzo
38. **Adolescência**
    Tiago Corbisier Matheus
39. **Complexo de Édipo**
    Nora B. Susmanscky de Miguelez
40. **Trama do Olhar**
    Edilene Freire de Queiroz
41. **Desafios para a Técnica Psicanalítica**
    José Carlos Garcia
42. **Linguagens e Pensamento**
    Nelson da Silva Junior
43. **Término de Análise**
    Yeda Alcide Saigh
44. **Problemas de Linguagem**
    Maria Laura Wey Märtz
45. **Desamparo**
    Lucianne Sant'Anna de Menezes
46. **Transexualidades**
    Paulo Roberto Ceccarelli
47. **Narcisismo e Vínculos**
    Lucía Barbero Fuks
48. **Psicanálise da Família**
    Belinda Mandelbaum
49. **Clínica do Trabalho**
    Soraya Rodrigues Martins
50. **Transtornos de Pânico**
    Luciana Oliveira dos Santos
51. **Escritos Metapsicológicos e Clínicos**
    Ana Maria Sigal
52. **Famílias Monoparentais**
    Lisette Weissmann
53. **Neurose e Não Neurose**
    Marion Minerbo
54. **Amor e Fidelidade**
    Gisela Haddad
55. **Acontecimento e Linguagem**
    Alcimar Alves de Souza Lima
56. **Imitação**
    Paulo de Carvalho Ribeiro
57. **O tempo, a escuta, o feminino**
    Silvia Leonor Alonso
58. **Crise Pseudoepiléptica**
    Berta Hoffmann Azevedo
59. **Violência e Masculinidade**
    Susana Muszkat
60. **Entrevistas Preliminares em Psicanálise**
    Fernando José Barbosa Rocha
61. **Ensaios Psicanalíticos**
    Flávio Carvalho Ferraz
62. **Adicções**
    Decio Gurfinkel
63. **Incestualidade**
    Sonia Thorstensen
64. **Saúde do Trabalhador**
    Carla Júlia Segre Faiman
65. **Transferência e Contratransferência**
    Marion Minerbo
66. **Idealcoolismo**
    Antonio Alves Xavier
    Emir Tomazelli
67. **Tortura**
    Maria Auxiliadora de Almeida Cunha Arantes
68. **Ecos da Clínica**
    Isabel Mainetti de Vilutis
69. **Pós-Análise**
    Yeda Alcide Saigh
70. **Clínica do Continente**
    Beatriz Chacur Mano
71. **Inconsciente Social**
    Carla Penna

Coleção Clínica Psicanalítica
Dirigida por Flávio Carvalho Ferraz

LINGUAGENS E PENSAMENTO
A Lógica na Razão e na Desrazão

Nelson da Silva Junior

Casa do Psicólogo®
uma empresa PEARSON

© 2007 Casapsi Livraria e Editora Ltda.
É proibida a reprodução total ou parcial desta publicação, para qualquer finalidade, sem autorização por escrito dos editores.

1ª Edição	*2007*
2ª Edição	*2014*
Editor	*Ingo Bernd Güntert*
Coordenadora Editorial	*Marcela Roncalli*
Assistente Editorial	*Cíntia de Paula*
Diagramação	*Fabio Alves Melo*
Capa	*Yvoty Macambira*

Dados Internacionais de Catalogação na Publicação (CIP)
Angélica Ilacqua CRB-8/7057

Silva Junior, Nelson da
 Linguagens e pensamento: a lógica na razão e na desrazão / Nelson da Silva Junior. - 2. ed. -São Paulo : Casa do Psicólogo, 2014. - (Coleção clínica psicanalítica / dirigida por Flávio Carvalho Ferraz).

ISBN 978-85-8040-464-7

1. Lógica 2. Pensamento 3. Psicanálise 4. Psicologia clínica 5. Psicopatologia I. Título II. Ferraz, Flávio Carvalho III. Série

---

14-0222 CDD 150.1

Índices para catálogo sistemático:
1. Lógica e psicologia 150.1
2. Psicanálise 150.1

Impresso no Brasil
Printed in Brazil

As opiniões expressas neste livro, bem como seu conteúdo, são de responsabilidade de seus autores, não necessariamente correspondendo ao ponto de vista da editora.

Reservados todos os direitos de publicação em língua portuguesa à

Casapsi Livraria e Editora Ltda.
Avenida Francisco Matarazzo, 1500 - Conjunto 51
Edifício New York - Centro Empresarial Água Branca
Barra Funda - São Paulo/SP - CEP 05001-100
Tel. Fax: (11) 3672-1240
www.casadopsicologo.com.br

*Aos meus filhos, Elisa e Tomás,
por sua precoce e genuína paixão pelos argumentos.*

Sumário

Agradecimentos 11

Prefácio: Pensamentos sobre as linguagens, por Maíra Firer tanis 13

Introdução 21

Parte I
Lógica, linguagem científica e linguagem natural

1 - Painel histórico da Lógica 33
    O *Logos* do período pré-socrático ao nascimento da Lógica
    em Aristóteles 33
    Logos razão 38
    Logos cálculo 41

2 - Lógica formal e Lógica na linguagem científica 43
    A semântica formal da Lógica e a semântica concreta
    do discurso científico 43
    Axiomatização como horizonte do discurso científico 46
    Sobre a clínica como limite entre o geral e o singular 50
    A linguagem científica e sua possibilidade de dedução do real 55

3 - A Lógica na linguagem natural 63
    A origem orgânica da linguagem em Jean Piaget e em Noam
    Chomsky e o caráter formal de seus modelos 63

A *implicação significante* no conhecimento científico e na
linguagem natural 75
Pausa: "A Lógica como expressão tematizada do jogo de
inferências" (G. G. Granger) 85

PARTE II
LÓGICA E PSICOPATOLOGIA

4 - LÓGICA NATURAL E PSICOPATOLOGIA 97
    A independência entre a sintaxe e a semântica a partir de dois
    tipos de afasia 105
    A Lógica no sintoma neurótico e sua independência da
    consciência 110
    A função de uma metapsicologia da razão na obra freudiana 114
    A Lógica na desrazão segundo a psicopatologia psiquiátrica 123

5 - AS IMPLICAÇÕES SIGNIFICATIVAS E A POSIÇÃO FÓBICA CENTRAL
    SEGUNDO ANDRÉ GREEN 135
    As relações de homologia entre implicações inconscientes
    e seus derivados 146
    Semântica e sintaxe das associações-livres 157
    Os quadros imagísticos e a inversão do *creodos*: novas
    hipóteses para o comportamento *borderline* 161
    A "natureza axiomática" da *posição fóbica central* 168
    Pausa: A determinação lógica, um ponto de vista
    em psicanálise 180

REFERÊNCIAS 183

Agradecimentos

Minha gratidão se dirige, em primeiro lugar, a Zelia Ramozzi-Chiarottino, cuja generosidade, rigor, paixão e liberdade intelectual são, para mim, um exemplo do que a Universidade possui de melhor. Partilhar de seu saber e amizade tem sido um grande privilégio.

Aos colegas do Departamento de Psicologia Social e do Trabalho e, especialmente a Ecléa Bosi, que, com ternura e integridade, me apoiou em momentos de dúvida, e também a Eda Tassara e Geraldo Paiva, preciosos exemplos de erudição e gentileza; a Nalva e Cecília, que, com serenidade e cuidado, estiveram sempre presentes; a Raquel Tonolli Jacob, cuja paciência foi essencial para que eu pudesse entrever e admirar a beleza do pensamento em Lógica.

Aos meus colegas e amigos do Instituto Sedes Sapientiae que me receberam com carinho e hospitalidade quando de meu retorno da França e cuja vivacidade clínica e intelectual permanecem como um exemplo cotidiano.

A Manoel Tosta Berlinck, Ana Cecília Magtaz Scazufca e a todos colegas da Associação Universitária de Pesquisa em Psicopatologia Fundamental.

Aos meus mestres, com carinho e admiração: Latife Yazigi, Monique Schneider, Renato Mezan, Joel Birman, Ana Maria Sigal e Pierre Fédida (*in memoriam*).

Aos amigos, novos e antigos, sempre próximos, não importa a distância ou tempo: Anna Maria Amaral, Cecília Hirschzon, Janete e Mário Frochtengarten, Aline e Decio Gurfinkel, Helena e Flávio Carvalho Ferraz, Ângela Penteado, Maíra e Bernardo Tanis, Mário e Márcia Pereira, Rubens Volich, Marcela e Daniel Delouya, Christian L. Dunker, Daniel Kupermann, Juliano Pessanha, Odilon Morais, Victor-Pierre Stirniman, Peter E. Haagensen e Gustavo Vaz da Costa.

A minha mãe, Clice, pelo incondicional apoio e pelos exemplos que me deu.

E, sobretudo, a Helena, com quem tenho o privilégio de encontrar a melhor interlocução intelectual que eu poderia esperar, e a felicidade de partilhar esta única viagem.

Prefácio:

Pensamentos sobre as linguagens[1]

Comprei o livro de Nelson da Silva Junior numa noite, por ocasião do seu lançamento. Dois dias depois já o tinha lido. A primeira leitura foi rápida, curiosa, instigante. Quando resolvi escrever este prefácio, no entanto, percebi que a segunda leitura não seria assim tão rápida, pois se trata de uma obra muito condensada, em que cada capítulo mereceria desdobrar-se em um novo livro. A curiosidade se manteve. Passei a ler as referências citadas, especialmente as mais diferentes e desconhecidas para mim, e, depois de dois meses, posso dizer que comecei a digerir melhor a leitura. Como um prato apetitoso e muito elaborado, é um pequeno livro que, mesmo muito saboroso, exige esforço para identificar seus múltiplos ingredientes.

O título *Linguagens e Pensamento* já sugere uma questão interessante: há mais de uma linguagem? Nelson vai respondendo a esta interrogação ao longo de todo o livro, enfocando-a

---

[1] Publicado originalmente como resenha na revista *Percurso* (ano XXII, no 43, p. 157-159, dezembro de 2009).

sob variadas perspectivas. A linguagem lógica - estruturante do psiquismo humano – estudada por Piaget vai aos poucos dialogando, no próprio texto e com o leitor, com a linguagem natural, da qual a lógica formal não dá conta. O livro se propõe a explicitar as relações lógicas inconscientes presentes no psiquismo humano, assim como na psicopatologia, como fator estruturante do mesmo. Recorre a Piaget e a seu conceito de *implicação significante* que, ao lado das operações básicas de seriação e classificação, compõe as bases estruturadoras de toda e qualquer percepção humana, por mais precoce que seja.

Nelson, contribuindo com o caminho indicado por Lacan, Bion e outros pensadores, deixa bem claro que sua noção de estrutura lógica não se refere à lógica semântica, e que pressupõe uma independência entre os processos lógicos e os conscientes. Assinala, apoiado em Jakobson, a independência entre sintaxe e semântica. Em estados patológicos seria possível identificar com clareza dois procedimentos, o metonímico e o metafórico, que na linguagem corriqueira são praticamente indistinguíveis. Esta competição entre os dois modos de organização linguística aparece na clínica cotidiana, sendo que as associações por contiguidade ou "transferência metonímica" e as associações por similaridade (metafóricas por excelência) não recebem a devida atenção dos linguistas, nem de muitos psicanalistas. As palavras de Jakobson, citadas por Nelson, descrevem com nitidez um processo comum a alguns textos psicanalíticos que costumam referir-se aos processos metafóricos e ignorar a sintaxe subjacente ao discurso:

"A estrutura bipolar da linguagem efetiva foi substituída artificialmente, por um esquema unipolar amputado, que, de maneira evidente, coincide com uma das formas de afasia, mais precisamente, o distúrbio de continuidade."

Para dar conta de refletir sobre esta sintaxe - sobre o substrato lógico da articulação linguística – o autor tece seu texto (ou cozinha seu prato, para ficarmos nas metáforas gastronômicas) recorrendo a argumentações sustentadas por outros campos do conhecimento, como a Neurologia, a Filosofia, a Linguística, e especialmente, os estudos de Piaget.

Com o objetivo de trazer à tona a lógica subjacente ao pensamento e à linguagem nas diversas psicopatologias, Nelson precisou recorrer a uma ampla bibliografia, com as mais diversas referências, que vão guiando o leitor para a reflexão pretendida: em busca do que podemos chamar de *linguagem perdida*. Mas estas referências estão em permanente diálogo com a voz e o pensamento do autor, que constrói em seu texto uma teoria própria, ou uma maneira singular de tratar deste tema. Mais de uma vez tive a impressão de estar fazendo uma visita guiada por alguma cidade ao mesmo tempo muito familiar e desconhecida.

Lembrei-me de muitas situações clínicas e literárias em que o instrumental da linguagem sintática se faz necessária. Assim como Grize encontrou em Jean-Jacques Rousseau um paradigma para o discurso lógico delirante, deparei-me com um romance em que uma das personagens apresenta esta mesma exacerbação da lógica melancólica:

> "A inteligência era aquilo que o Sueco estava ouvindo, a cabeça rápida, aguçada estudiosa de Merry, a mente lógica que ela tivera desde a mais recuada infância. E ouvir isto fez eclodir nele uma dor tal como nunca antes imaginara. A inteligência se achava intacta, e no entanto Merry estava louca: sua lógica era uma variedade da lógica totalmente destituída do poder de raciocinar, com a qual ela já se havia cingido quando tinha dez anos de idade." [2]

Entender a argumentação "louca" de uma filha louca, embora lógica, com semântica e sintaxe preservadas, mas mesmo assim, "louca", como o livro de Philip Roth descreve, é tarefa que leva mais de quatrocentas páginas de bela prosa. Penso que nossa tarefa na clínica psicanalítica seja bem similar à deste pai. Há algo que pode parecer destoante, como nota atonal no discurso de nossos pacientes, embora ele normalmente seja um discurso lógico. O assim chamado *excesso de lógica* é loucura, como bem descrito por Roth. Muitas vezes ouvimos de nossos pacientes discursos aparentemente impecáveis do ponto de vista da lógica formal, e no entanto "ilógicos" se tomados sob a perspectiva da lógica natural, como foi esplendidamente colocado pelo autor. Enunciados tais como: "Se eu quero muito alguma coisa, então ela não acontece", são exemplos deste tipo de discurso cuja lógica, mesmo sendo cristalina, parte de premissas falsas, quando o conteúdo é levado em consideração. Ocorre o que Nelson

---

[2] P. Roth, *Pastoral americana*. São Paulo: Companhia das Letras, 1998, p. 284.

descreve como uma formação discursiva de funcionamento análogo ao de uma teoria axiomatizada, cujas premissas não são questionadas e dão lugar a deduções e induções falsas quanto a seu valor real verificável, mas que operam na formação e na manutenção dos sintomas. Se só podemos pensar e organizar mentalmente as experiências vividas de um modo determinado, assistimos a uma cristalização perceptiva e a dificuldades de acomodação, levando à repetição neurótica que seria sobredeterminada pela estrutura mental que a ordena.

Piaget dá conta da constituição da lógica, e portanto do pensamento, a partir de três operadores: classificação, seriação e implicação significante, que seriam responsáveis pelos processos precoces de associações "se... então". Embora logicamente impecáveis, as implicações significantes nem sempre dão conta de um real complexo; portanto há falhas na lógica natural, especialmente naquelas percepções precoces, chamadas de *estruturas protomentais* por Antonio Imbasciatti. São exatamente essas protoestruturas que servirão de alicerce para novas estruturas que, por sua vez, serão estruturadoras de novas e novas percepções e, segundo o modelo de Piaget, suscitarão em algum momento de crise uma assimilação do novo como novo, levando a uma acomodação necessária e criando uma nova estrutura para um novo conteúdo.

Assim parece ser o processo de leitura deste livro. À medida que a leitura avança, a cada página nos deparamos com alguma frase, alguma afirmação que nos obriga a rever o parágrafo anterior, porque aparentemente houve um salto, uma quebra na lógica que seguíamos até então. Para compreendê-lo com toda a inovação que ele traz, é preciso criar novas estruturas; não nos bastam as antigas.

Penso que *Linguagens e Pensamento* trata justamente desse processo perceptivo e de aquisição de conhecimento por meio da operação lógica com o ambiente, no caso com as palavras do texto, que estrutura não apenas a noção do mundo natural e social, como também a noção de si mesmo e de sua relação com os objetos.

Ao tratar da linguagem metonímica e não apenas da metafórica, respeitando a estrutura bipolar da linguagem efetiva, segundo Jakobson, Nelson resgata um importante aspecto aparentemente negligenciado por muitos autores, qual seja, a relevância do caráter das relações sintáticas e suas falhas na constituição do psiquismo, não apenas estruturado pela linguagem semântica e metafórica.

Seguir o caminho da argumentação de Nelson nem sempre é uma tarefa simples ou linear: mais parece um passeio por Roma, onde as ruas tortuosas acabam levando sempre a surpresas emocionantes, como ruínas de vários momentos da civilização.

O tema desenvolvido neste livro me parece mais um estudo da Química do que de Arqueologia, como costumam ser os trabalhos psicanalíticos. Nelson procura chegar ao tecido que é, ao mesmo tempo, suporte e "tecedor" do psiquismo. Ao assimilar o mundo por meio de operações mentais tais como seriação, classificação e implicação significante, mesmo antes da aquisição da linguagem oral tal como a concebemos, a criança vai tecendo uma rede de captação da realidade (seja interna ou externa) que obedece a princípios lógicos determinados e universais. Esta rede vai estruturar as possibilidades futuras de se estabelecerem novos significados. Voltemos às frases citadas no livro: "Se eu sou o centro do universo, se tudo que existe se refere a mim, se desejei muito e não aconteceu, então a conclusão lógica é que o que desejava não aconteceu porque eu assim o desejei". Ora, a partir de uma premissa autorreferente, própria do período sensório-motor descrito por Piaget, pode-se chegar a esta conclusão considerada lógica, dado que respeita princípios lógicos de formulação. Entretanto, é na axiomatização das premissas que repousa a distorção perceptiva que levará cada nova experiência a afirmar tal enunciado. Se não houver possibilidade de questionamento das premissas, haverá o que Jean-Blaise Grize afirma ocorrer com o discurso de Rousseau: *um excesso de lógica*, como se a natureza dos objetos não importasse.

Esse livro abre muitas perspectivas para reflexão e, principalmente, nos faz questionar procedimento clínicos, como se acendesse uma lanterna para iluminar aquilo que sempre soubemos estar presente, mas que raramente é bem iluminado. Se não fosse por outros e muitos méritos, só por esta luz, lê-lo já seria um ótimo investimento.

Maíra Firer Tanis

Introdução

A escuta psicanalítica busca a repetição. O pensamento clínico – atividade reflexiva do analista com origem e destino na situação analítica – antes de tudo busca o que se repete no discurso, para, apenas então, partir em direção à construção de seus sentidos possíveis. As condições dessa busca são, é bem verdade, paradoxais, exigem do analista uma regressão específica, dificilmente compatível com o caráter ativo que se atribui à palavra 'busca' (Silva Jr., 2007). Ainda assim, é a repetição que sinaliza a atualização do arcaico no presente e o retorno do infantil no adulto. Mas, em que consiste, precisamente, o *material da repetição* que veicula tal retorno?

Segundo certa tradição psicanalítica, fundada, de fato, na teorização freudiana, deve-se compreender o *material da repetição* como restos de palavras. Tais restos, retornando na insistência de uma sonoridade, recordam fragmentariamente outras palavras que deixaram de ser ditas, ou, mais precisamente, que foram sufocadas. Evocando a origem comum da espera e da dor, uma expressão francesa nomeia o estado de tais palavras como *en souffrance*: é como se fala, por exemplo, de uma carta à espera de seu destinatário. Uma voz que se trai, uma sonoridade que retorna, um gesto que sublinha, sem sabê-lo, uma expressão aparentemente anódina, indicam que outras palavras sofrem pelo ar da superfície. É desse modo que *o significante insiste*, como propõe a cristalina fórmula lacaniana, ilustrando exemplarmente a natureza semântica do material da repetição. O significante insiste. Certamente. Porém, as repetições que interessam à psicanálise se resumiriam àquela da insistência do significante? Este livro trata de uma outra modalidade da repetição no discurso, aquela das *relações lógicas*. Na medida em que as relações lógicas organizam os pensamentos, pode-se falar igualmente de *determinações sintáticas* do discurso.

Recuperar as *relações lógicas* na repetição exige considerá-las em si mesmas, isolando-as de temas a elas articulados tanto na história da filosofia quanto na metapsicologia. Kant está na base de uma diferenciação importante para esse estudo, ao estruturar sua *Crítica da razão pura* a partir da independência entre o caráter *a priori* de nossos modos de conhecer e o caráter *a posteriori* dos objetos do nosso conhecimento. É nas categorias *a priori* do entendimento que Kant situa as relações lógicas do pensamento. O conhecimento depende da articulação entre tais formas lógicas *a priori* aos dados empíricos que nos chegam pelos sentidos. Seguindo, nesse ponto, o pensamento kantiano, Freud separa claramente, em sua metapsicologia, as *relações lógicas inconscientes* e a *função cognitiva da Razão*. As primeiras, as *relações lógicas inconscientes*, interessam diretamente à clínica psicanalítica na medida em que são consideradas um elemento da organização dos sintomas e dos sonhos. A *razão*, por sua vez, surge fundamentalmente, para Freud, como um enigma teórico: como é possível, se pergunta ele, que um aparelho psíquico, inicialmente dominado pela busca do prazer, e pelo registro pulsional, essencialmente imediatista, portanto, venha a acolher em seu interior as limitações regularmente impostas pela da realidade exterior? Assim, o pensamento lógico e suas relações com a realidade surgem como problemas distintos igualmente na obra freudiana.

Em um primeiro momento de sua obra, uma série de textos de Freud insiste na presença de operações lógicas no inconsciente, e, sobretudo, no alto grau de complexidade e sutileza dos raciocínios inconscientes. O sintoma neurótico, ainda que seja compreendido como uma organização singular a cada vez, é descrito como seguindo uma estrutura lógica. A estrutura lógica define a morfologia específica do sintoma, e, em seu desvendamento, estaria a chave de sua terapêutica.

Além disso, a descoberta das relações lógicas inconscientes representa uma conquista estratégica para a respeitabilidade da ciência nascente. Frequentemente, na retórica freudiana, elas são abordadas como um fato inquietante, como uma prova da existência de uma inteligência misteriosamente análoga à nossa e, eventualmente, superior. Não é assim um acaso que Freud dê exemplos de cálculos matemáticos inconscientes subjacentes à *psicopatologia da vida cotidiana* e que disseque meticulosamente a fineza intelectual dos chistes. Trazer à tona a existência de operações lógicas no inconsciente significa necessariamente aproximar o inconsciente da consciência, o patológico da normalidade, deslocando o *eu* de sua ilusória soberania sobre si próprio.

Entretanto, a constatação da existência de uma inquietante inteligência argumentativa nos processos inconscientes não implica que estes considerem os limites impostos pela realidade. A questão de como um aparelho psíquico inicialmente regido pelo princípio do prazer passa a poder levar em conta tais limites, é o que levará Freud a aprofundar a gênese das relações entre o psiquismo e a realidade de modo mais sistemático. Nesse sentido, aquilo que era inicialmente uma questão teórica, para Freud, adquire, posteriormente, uma funcionalidade clínica. Com efeito, os tipos de afastamento da realidade definirão as marcas diferenciais da neurose, psicose e perversão, localizando nas formas de negação da realidade os princípios de uma nosologia especificamente psicanalítica.

Lógica e Razão diferem, portanto, pelo caráter centrípeto da primeira e centrífugo da segunda: a Lógica se encontra nas relações internas de uma rede de pensamentos; a Razão, nas relações desta rede com o mundo exterior. Interesso-me aqui pela questão das *relações lógicas inconscientes* na psicopatologia. Há interesse, portanto, em examinar tais relações comparando-as a certas características da Lógica formal. Um ponto comum entre as relações lógicas inconscientes e os argumentos da Lógica formal é a independência de ambos com respeito às imposições da realidade. Um ponto divergente é a dependência das relações lógicas inconscientes com respeito a conteúdos específicos, clinicamente relevantes, quando a Lógica formal trabalha exclusivamente com conteúdos formais.

Excetuando-se talvez as tradições lacanianas e bionianas, os estudos em Lógica formal não soam familiares aos psicanalistas, apesar de sua centralidade na constituição do sintoma neurótico, das fantasias e da própria relação do sujeito com a realidade através da castração. Em ambos os casos, a Lógica é inserida na psicanálise com uma função explicitamente epistemológica: trata-se de libertar os modelos metapsicológicos de seus conteúdos imagéticos, por demais ligados a formas específicas da experiência para permitir o grau de universalidade exigido pela cientificidade psicanalítica. A função da Lógica nesse estudo toma outra via, e pretende colocar-se claramente como modelo do funcionamento dos processos psíquicos enquanto tais.

Tomar a Lógica como modelo dos processos psíquicos é um procedimento que se encontra no cruzamento de pelo menos dois pontos nevrálgicos da reflexão psicanalítica. Por sua importância em algumas formas de sintoma, a Lógica tende a ser confundida com a racionalização e desprezada como "forma menor" das resistências. Por sua identificação indevida com as ciências empíricas, e por não questionar a subjetividade em sua base, a Lógica seria uma ciência "contra" a metodologia psicanalítica.

Visando eliminar alguns mal-entendidos em torno desse tema tão pouco familiar à grande maioria dos psicanalistas, decidi começar esse livro com um rápido esboço da constituição da Lógica como campo do saber. Pareceu-me importante retomar o papel da Lógica no conhecimento, isto é, como condição de possibilidade do conhecimento científico. Ainda nessa primeira parte do trabalho, apresento algumas ideias daquele que foi, certamente, um dos mais sérios investigadores da gênese, no indivíduo, do conhecimento do mundo natural: Jean Piaget. Nessa primeira parte, a participação da Lógica é apresentada, portanto, em duas facetas: em primeiro lugar, em sua relação com o saber, tal como este foi concebido ao longo da história das ideias; em segundo lugar, enquanto um modelo do funcionamento daquilo que é condição necessária (ainda que não suficiente) do ato de conhecer na perspectiva ontogenética de Jean Piaget.

Uma objeção que já me foi dirigida com relação a esse respeito, argumenta que Piaget, ao postular o fundamento orgânico das estruturas mentais responsáveis pelo exercício das relações lógicas, estaria "naturalizando" a Lógica e, portanto, assumindo um ponto de vista essencialmente incompatível com a vocação crítica da psicanálise quanto ao discurso. De fato, as estruturas mentais foram concebidas por Jean Piaget como condição orgânica do conhecimento da realidade física e das operações matemáticas. Que disto se conclua uma incompatibilidade com a vocação crítica da psicanálise me parece, contudo, refutável em dois aspectos.

Em primeiro lugar, pelo fato de que mesmo um discurso crítico quanto ao uso ideológico da Razão não pode abrir mão dos princípios da Lógica clássica como um horizonte do entendimento possível, caso pretenda ser eficaz em sua crítica.

A Lógica, independentemente da origem orgânica ou transcendental que lhe possa ser atribuída, é condição do discurso crítico e não seu limite. Aliás, afirmar a origem orgânica da Lógica diz apenas respeito ao fato de que temos um funcionamento cerebral que subjaz ao raciocínio, e não aos objetos deste último. A Lógica clássica, assim como as lógicas não clássicas são resultado, isto é, frutos, desse funcionamento, não se confundindo com ele como tal.

Julgo, em segundo lugar, que a aceitação de um fundamento orgânico dos processos lógicos, postulado pela teoria piagetiana e por tantos outros trabalhos como os de Noam Chomsky e os de Roman Jakobson, por exemplo, não deveria turvar o interesse dos psicanalistas pelo seu verdadeiro objeto de estudo, a saber, a construção hipotética da estrutura geral do aparelho psíquico a partir de fenômenos normais e patológicos. Pois, ainda que tal aparelho seja simplesmente o palco dos efeitos de processos orgânicos, e, portanto, fundamentalmente exteriores a ele, este aparelho se constitui como uma totalidade cuja complexidade de suas relações internas justifica, até aqui, uma ciência independente. Lembre-se ainda que a aceitação de uma origem orgânica os processos lógicos, origem, portanto, exterior ao psiquismo, não seria uma novidade na metapsicologia, uma vez que ela encontra um precedente na postulação freudiana do caráter decididamente orgânico da fonte pulsional. Se a organicidade de sua origem caracteriza a fonte da pulsão como exterior aos interesses da psicanálise, seus efeitos no psiquismo são, no entender de Freud, legitimamente do âmbito e da competência desta ciência. Considero análoga a situação das estruturas mentais piagetianas frente à metapsicologia. A exterioridade orgânica, divina ou social de um processo específico que afete este aparelho, não interessa diretamente à teoria psicanalítica, apenas as estruturas intermediárias responsáveis por seus efeitos no interior do mesmo.

Note-se finalmente que a hipótese das estruturas mentais sofre uma desterritorialização significativa em nossa utilização, uma vez que nos interessa o funcionamento lógico do psiquismo independentemente de seu funcionamento cognitivo, o qual foi o principal interesse da obra de Jean Piaget. Com efeito, naquilo que interessa à psicopatologia, as relações lógicas não apenas não estão a serviço, como agem frequentemente numa direção oposta ao conhecimento do mundo.

Estabelecidas as relações entre Lógica e cognição, a segunda parte deste livro desenvolve questões especificamente no campo da psicopatologia. Concentrei meus esforços na releitura de certa modalidade de sintomas *borderlines*, apresentada por André Green, sob a denominação de *posição fóbica central*. Nela, veremos como os conteúdos das primeiras relações lógicas estabelecidas pelo sujeito podem vir a monopolizar suas futuras produções psíquicas, funcionando como modelos relativamente fixos dos juízos e outros processos, limitando drasticamente sua liberdade psíquica. Entretanto, não se deve confundir o exemplo com a ideia que ele apresenta.

As relações lógicas inconscientes se revelam igualmente em operações presentes em outras organizações psicopatológicas assim como nas associações livres em geral. Tais operações organizam a forma dos pensamentos com uma relativa independência do conteúdo dos mesmos. Em tal perspectiva, a repetição se apresenta, por exemplo, pela insistência ou pelo evitamento de certas analogias. A repetição segue assim uma espécie de sintaxe, isto é, regras *a priori* de relação para um conjunto virtualmente ilimitado de conteúdos discursivos. É o caso, exemplar, aliás, da repetição transferencial, que retoma não apenas certos conteúdos do passado, mas, sobretudo, e, essencialmente, *relações entre conteúdos*. Note-se que é somente a partir de tais *isomorfismos formais de relações entre diferentes conteúdos* que a transferência e os sintomas podem ser considerados como homólogos entre si, isto é, oriundos de um mesmo *sistema fixo de relações*, sobre o qual as intervenções do analista convergem, eventualmente, com sucesso.

Meu interesse principal diz respeito ao caráter constitutivo das implicações lógicas nos processos psíquicos e, consequentemente, à vocação transnosográfica da incidência de tais implicações na psicopatologia psicanalítica. Nesse sentido, as ideias aqui apresentadas podem, segundo penso, dar origem a um ponto de vista bastante fértil para uma série de fenômenos da situação analítica. Retomando a situação analítica como a origem e a finalidade, por excelência, de todo trabalho de teorização metapsicológica, trata-se aqui de demonstrar a pertinência das relações lógicas para a escuta psicanalítica como um todo.

Parte I

Lógica, linguagem científica e linguagem natural

1.

PAINEL HISTÓRICO DA LÓGICA

O Logos *do período pré-socrático ao nascimento da Lógica em Aristóteles*

A Lógica matemática resulta de uma nova abordagem da linguagem instaurada por Aristóteles. Vejamos, pois, ainda que brevemente, os pontos de inflexão que marcaram a passagem da concepção de logos do período pré-socrático até o nascimento de uma Lógica na obra aristotélica.

Para o homem comum do período pré-socrático, não somente linguagem e pensamento identificavam-se, como também a noção de *logos* era marcada por uma exterioridade muito mais radical do que aquela atualmente atribuída à linguagem. Com efeito, para os primeiros pensadores gregos, a linguagem era uma emanação do mundo que chegava ao homem a partir do exterior, de modo análogo à luz que se vê, ao calor que se sente ou ao ar que se respira. Tal concepção, por assim dizer, *naturalista*, da linguagem implicava uma cooriginariedade das palavras com as coisas que *garantia* a verdade dos discursos. Dito de outro modo, uma vez que o *logos* tinha a mesma origem que as coisas, ele necessariamente diria a verdade sobre elas. O impasse de tal concepção de *logos* diante das inevitáveis discrepâncias entre a linguagem natural e os fenômenos do mundo, era que ou tudo que era dito era verdade e os fenômenos, falsos, ou, inversamente, que os fenômenos eram verdadeiros, e o discurso, falso.

Esta interpretação grega do logos sofreu uma radical transformação com Platão. Como se sabe, a obra de Platão se organiza a partir da contestação sistemática do uso retórico da linguagem. A retórica, segundo as sucessivas demonstrações de Sócrates, seria condenável na medida em que, ao se colocar a serviço da *persuasão*, deixaria de lado a *verdade*. Assim, Górgias observa que *"para as outras artes, todo o conhecimento diz respeito, por assim dizer a operações manuais e práticas do mesmo tipo, mas para a retórica não há obra manual, toda prática é efetuada e concluída pelos discursos..."* (Platão, Górgias 450 b). Platão sela aqui uma separação que marcará a futura história do pensamento ocidental, a saber, a separação entre um discurso sobre outros discursos e um discurso sobre as verdades. O descrédito que pesará doravante sobre a retórica na história da filosofia será parcialmente transmitido à *"hermenêutica"*. Ambas seriam, para Platão, artes menores do que a filosofia e a ciência, que seriam exclusivamente referidas à verdade. Pois, assim como a *retórica*, a *"hermenêutica"*, se orienta antes pelo *sentido dos discursos* do que por sua *verdade*. A diferença entre as duas reside no fato de que a retórica visa persuadir o interlocutor de um certo sentido do discurso, enquanto que a "*hermenêutica*" visa extrair o sentido de um discurso já dado.

Diferentemente dos sofistas pré-socráticos que critica, Platão compreende o logos não como idêntico à verdade, mas sim como acesso privilegiado à mesma. Com efeito, para Platão, há leis imutáveis que regulam nosso pensamento, e apenas através dessas leis nos é dado conhecer. Tal conhecimento diz respeito às ideias perfeitas e eternas. Assim, a linguagem e a verdade são concebidas como possuindo uma intimidade profunda, porém não imediata. Assim, no *Teeteto* (202 b), Platão afirma que "é o entrelaçamento das palavras que constitui a essência do logos". Com efeito, tal "entrelaçamento" não é desordenado e caótico, ele obedece a regras, que segundo Platão podem ser conhecidas: "Se um deus nos presenteou com a visão, foi para que, contemplando no céu as revoluções da inteligência divina, pudéssemos cogitar dos circuitos que o pensamento percorre em nós ; estes circuitos têm a mesma natureza das revoluções da inteligência divina – embora estas permaneçam imperturbáveis e aqueles sempre se perturbem; graças a um tal estudo, participamos dos cálculos naturais, em sua retidão; imitando os movimentos divinos, absolutamente isentos de erro, capacitamo-nos a situar as aberrações dos nossos movimentos" (*Timeu*, 47 b –c, apud Ramozzi-Chiarottino, 1994, p. 7-8). Assim, o que hoje conhecemos por sintaxe, é, na filosofia de Platão, identificado como a essência do logos e como a condição do conhecer as verdades eternas.

Ora, ao criar a Lógica, Aristóteles irá examinar e isolar tais regras que organizam o entrelaçamento do logos. Aristóteles busca, mais precisamente, isolar as regras do entrelaçamento do logos/discurso, na medida em que este conhece, diz e demonstra verdades, e não, por exemplo, na medida em que este faz política ou poesia, expressa opiniões ou emite preferências, estabelecendo o campo de reflexão posteriormente denominado e até hoje conhecido como Lógica. Assim, a Lógica resulta da ideia de que o ser humano é capaz de conhecer (Porchat, 2001). Contudo, esta restrição do exame de Aristóteles à relação do discurso com a verdade implica, no mundo grego, uma restrição ao discurso sobre o que é imperecível e necessário (6,3 *Ética a Nicômaco, apud* Porchat, 2001). Ciência, para Aristóteles, significa o conhecimento causal do necessário, demonstrável e universal. (*Analíticos Posteriores*, I, 18 e *Metafísica*, 15, *apud* Porchat, 2001). É assim que, para Aristóteles, a Lógica (*organon*) tem essencialmente a função de um instrumento para se atingir uma ciência, sinônimo do conhecimento em sentido forte – *episteme* –, em oposição ao conhecimento do que é perecível e mutável, que pode apenas ser objeto das opiniões – *doxa*. Aristóteles buscou encontrar com a Lógica a necessidade no nível do discurso, desenvolvendo, para tanto, o *silogismo*. Um exemplo de *silogismo* que todos reconhecerão é o famoso: "Sócrates é homem. Todo homem é mortal. Logo, Sócrates é mortal". Ou seja, um *silogismo* é uma expressão linguística, uma sentença, que representa relações lógicas necessárias, independentemente de seu conteúdo.

Para Aristóteles, haveria um paralelismo entre linguagem, pensamento e realidade. A linguagem seria um espelho do pensamento, o qual seria o melhor acesso ao real. Ora, isso implica que seria possível estudar a linguagem para conhecer o real, ainda que indiretamente. Assim, por um lado, Aristóteles criava com o silogismo, um instrumento linguístico para correção do pensamento. Com efeito, no silogismo, a causalidade Lógica passa a poder representar causalidade real, ou seja, a causa como princípio da sucessão no tempo segundo uma lei pode ser representada pela necessidade Lógica (Lalande, [1926] 1972, p. 677). Por outro lado, através do estudo das categorias, Aristóteles completa sua ideia de um paralelismo entre a linguagem no campo dos significados: pensamento e realidade se aproximariam desde que a linguagem se tornasse um instrumento preciso. Com efeito, para Aristóteles o conhecimento da linguagem representava a melhor maneira de conhecer o real.

Na Escolástica, esta faceta do aristotelismo conheceu, através do Verbalismo, um paradoxal destino. Com efeito, no Verbalismo, o conhecimento do real não será então apenas intermediado, mas dependerá exclusivamente do conhecimento da linguagem, decretando, naturalmente, como supérflua, toda e qualquer experiência empírica. Santo Tomás de Aquino afirma, nesse sentido, que "a Lógica é a arte que dirige o próprio ato da razão, arte pela qual procedemos por ordem, facilmente, e sem erro neste mesmo ato de razão". (*Anal. Post. Lib.* I, lec I, *apud*, Ramozzi-Chiarottino, 1994, p. 11). A reação a tal distanciamento do real se dará por várias fontes. Na própria Escolástica, o Nominalismo ressaltaria o estatuto contingente da relação entre as palavras e as coisas, operando uma primeira ruptura no paralelismo aristotélico.

Logos razão

De fato, na história da cultura, tal ruptura marcará o fim da Idade Média, uma vez que ela abre possibilidades inéditas no campo do saber. Primeiramente, pela ideia de que é possível conhecer o mundo sem seguir a Lógica aristotélica: a possibilidade de conhecer regularidades do que é perecível, aplicando-se a matemática a diferentes regiões do mundo *sublunar* (assim era chamada a região incessantemente mutante, perecível, do universo) é consumada por Galileo Galilei. Isso seria inconcebível na teoria de Aristóteles, pois pareceria insensato tentar encontrar uma regularidade matemática no mundo perecível. Com a constatação de que a Lógica era insuficiente como método de conhecimento rompe-se a antiga homologia grega entre a palavra, o conceito e a coisa. Tal ruptura se opera também a partir de outros campos: na estética, na religião e até mesmo na filosofia, as línguas naturais começam a substituir o grego e o latim. As Grandes Descobertas e as conquistas colonialistas fomentam, por sua vez, um interesse pelo domínio, e, portanto, pelo conhecimento das línguas nacionais e exóticas suscitando uma explosão dos estudos filológicos nas universidades europeias. A aproximação da ideia de *linguagem* da ideia de *cultura* deu-se, portanto, no mesmo momento em que a primeira se distanciava da ideia de *pensamento*.

Será após este período, no século XVII, que a genialidade de Leibniz permitirá um primeiro avanço significativo na história da Lógica desde seu estabelecimento por Aristóteles. Leibniz, estudioso das línguas empíricas e da matemática, concebe a possibilidade da criação de uma língua filosófica artificial, que seria composta, em sua vertente semântica, por uma "característica real", isto é, uma simbologia sem relação direta com as coisas, e, em sua vertente sintática, por uma "característica Lógica", ou seja, uma gramática independente de qualquer gramática empírica. Estava dado o passo decisivo para a formalização da Lógica, passo que resultará, no século XIX, em uma completa independência entre as investigações lógicas e uma "fidelidade ao real".

Se, com Leibniz, a linguagem torna-se, pela primeira vez, o objeto possível de uma *construção artificial*, ainda que referida às leis do pensamento, será Kant que, independentemente de uma reflexão específica sobre a linguagem, trará à superfície as leis do pensamento que possibilitam o conhecimento empírico e moral. Assim, Kant, inspirado pelo modelo da ciência, que ao invés de esperar ser passivamente informado pela natureza, impõe perguntas a esta de modo ativo, investiga e isola as condições universais de todo conhecimento possível. Kant concebe o conhecimento como um *juízo*, ou seja, uma subsunção do particular ao geral, operação onde a universalidade e a necessidade, na forma de categorias e formas *a priori* da percepção, resultam da capacidade do sujeito, o particular e o acidental sendo reservados ao objeto. Tal concepção do conhecimento rompe simultaneamente com o idealismo e o empirismo, pois, "se o conhecimento começa com a experiência, dela não deriva". No que diz respeito às relações entre linguagem e pensamento, cabe perguntar se Kant não visaria, aqui, as condições *a priori* de toda linguagem possível, na medida em que a capacidade de julgar e, portanto, de predicar, é uma condição de toda linguagem natural.

A hermenêutica sofrerá, a seu turno, os profundos efeitos da filosofia kantiana. O deciframento das passagens obscuras dos textos sagrados ou clássicos, sobre o qual a hermenêutica se desenvolvera como uma ciência, perderá, sob a influência laicizante do kantismo, o estatuto de referência única. Todo o campo do sentido, fosse ele discurso escrito ou oral, apresentar-se-ia doravante como um desafio ao deciframento. Note-se que o nascimento helênico da "*hermenêutica*" no deciframento oracular foi o discurso oral, e não o escrito, ao qual esteve ligada durante a maior parte de sua história. Schleiermacher leva o kantismo às últimas consequências na hermenêutica ao afirmar, quase como que criando um postulado, a anterioridade do não entendimento sobre o entendimento, transportando o caráter incognoscível do *noumenon* kantiano a uma incognoscibilidade radical do sentido último do discurso alheio, seja ele escrito ou oral. Para este autor, o paradigma da Hermenêutica será então a "conversa entre amigos", uma vez que, até mesmo em tal condição privilegiada de compreensão mútua, a realização incessante de "operações de deciframento" é inevitável. Diga--se de passagem que será apenas com Schleiermacher, no ápice do romantismo germânico, que a hermenêutica recuperará o acesso ao verbo, ao mesmo tempo em que se libertará definitivamente do monopólio do universo religioso e chegará, em seguida, a ser indicada, por Dilthey, como uma *possibilidade* de fundamentação metodológica de todas as ciências humanas.

Logos cálculo

"Precisamente o próprio da língua, o fato de que ela só se ocupa de si própria, ninguém o sabe"[1], [2]

Novalis

No século XIX, a Lógica deixa de ser concebida como a abstração do pensamento, como era o caso de Leibniz, e torna-se completamente independente deste. Com efeito, na medida em que passa a ser concebida como uma linguagem artificial sem relações imediatas com objetos determinados,

---

[1] "Gerade das Eigentümliche der Sprache, daß sie sich bloß um sich selbst bekümmert, weiß keiner".

[2] Esta, assim como todas as citações a seguir foram traduzidas pelo autor.

a Lógica será entendida como mera convenção. A unidade e a necessidade que marcaram a Lógica desde seu nascimento darão então lugar a uma pluralidade de sistemas puramente formais, isto é, sistemas de signos arbitrários juntamente com regras não menos arbitrárias para seu emprego. A ausência de referente nestas lógicas não deixa de fazer ressonância a uma espécie de autismo essencial dos signos, onde estes só se referem a si próprios e as suas combinações. De fato, a assimilação entre sintaxe e regras do pensamento correto mantém-se como tal ao longo de mais de dois milênios na história da filosofia, até que ela se rompe com Boole, quando este, "em vez de chegar à Lógica por um procedimento de abstração, a partir dos passos efetivos do pensamento, a trata como uma construção formal" (Ramozzi-Chiarottino, 1994, p. 22). Ao mesmo tempo, os estudos sobre sintaxe, aqueles que visam *a combinação e a ordem do entrelaçamento das palavras*, desdobram-se em uma diversidade de ciências que se voltam novamente para o estudo das línguas naturais, como a Filologia, a Linguística e a Psicologia, a qual interessa esse trabalho mais especificamente. Entretanto, antes de examinar uma das abordagens mais consequentes da Lógica no interior da Psicologia, a saber, aquela de Jean Piaget, apresentarei alguns aspectos da relação entre Lógica e Linguagem no pensamento científico.

2.

LÓGICA FORMAL E LÓGICA NA LINGUAGEM CIENTÍFICA

A semântica formal da Lógica e a semântica concreta do discurso científico

Para que se possa fazer uma distinção entre a ciência e a Lógica formal, caberia, segundo Gilles Gaston Granger, partir, precisamente, do caráter formal ou concreto da semântica. A ciência é um discurso no qual as palavras possuem um papel de mediação, não apenas entre os sujeitos, mas entre o sujeito e o mundo dos objetos (Granger, 1967, p. 22-23). Nesse sentido, Granger ressalta que, diferentemente da semântica de Carnap, a ciência depende de uma "semântica concreta, e não simplesmente formal" (Ibid., p.24).

Segundo Gilles-Gaston Granger, tradicionalmente considera-se que

> [...] a *pragmática* designa o estudo da linguagem levando-se em conta suas relações com o sujeito falante e seu auditório.

Em oposição a uma *semântica*, que considera apenas as relações dos signos aos objetos aos quais eles remetem, e a uma *sintaxe* que somente considera as relações dos signos entre si. (Granger,1967, p. 44)

A semântica responderia, portanto, às relações entre os signos e as coisas. Mas, o que seria, neste caso, uma semântica *formal*? Lalande, no *Vocabulaire technique et critique de la philosophie*, reporta um primeiro sentido de '*formal*', à Escolástica, onde "*formal* é aquilo que possui uma existência atual, efetiva" (Lalande, [1926] 1972, p. 373), sentido este que se mantém na expressão "*declaração formal*", que quer dizer *declaração efetiva, expressa*. Por outro lado, no mesmo verbete, encontramos *Lógica formal*, que é a "parte da Lógica que trata das operações do entendimento e das regras que ali se aplicam na medida em que estas operações são consideradas unicamente em sua *forma*". Ora, o verbete *forma*, por sua vez, retoma a oposição entre *forma* e *matéria*:

> A *forma* de uma operação do entendimento é a natureza da relação que existe entre os termos aos quais ela se aplica, abstração feita do que são estes termos neles mesmos. A *matéria* (ou conteúdo) é constituída por estes termos, considerados em sua significação própria. Ex: 'Todos os metais são sólidos; o mercúrio é um metal; portanto o mercúrio é sólido'. [...] Um tal raciocínio é válido *formalmente*; sua conclusão é falsa *materialmente*. Assim, em matemática, a relação $(a+b)^2 =$

a^2+b^2+2ab é *formal*, na medida que é válida para todos os números reais. (Lalande, op. cit., p. 371)

Nesse último sentido *formal* dá origem a *Formalismo* que, por um lado, é a "doutrina que consiste a sustentar que as verdades de tal ou tal ciência (matemática, notadamente) são puramente formais e que repousam unicamente sobre convenções ou sobre definições de símbolos" (Ibid., 369-370). Por outro lado, *formalismo* diz também respeito à adoção exclusiva de um "ponto de vista formal, conduzindo a negar a existência ou a importância do elemento material em uma ordem de conhecimentos". (Ibid., 370)

Uma *semântica formal* seria, portanto, aquela que, ao considerar "as relações dos signos aos objetos aos quais eles remetem", pode se posicionar apenas de dois modos diante destes objetos: 1. Seja ela os define convencionalmente; 2. Seja ela nega sua existência ou sua importância. Ora, estas duas possibilidades diante dos referentes dos signos terão efeitos totalmente diversos segundo forem realizadas no âmbito da linguagem científica ou no âmbito da linguagem natural.

Assim, se o discurso científico se apoia, por um lado, sobre a linguagem formalizada da Lógica e da matemática, por outro ele se opõe ao uso retórico da linguagem. Com efeito, para Granger "o uso retórico da linguagem se distingue radicalmente de seu uso científico pelo fato dele se fechar em um universo verbal" (Ibid., p. 22-23). Em sentido análogo, Platão, opõe as relações essencialmente cognitivas que se estabelecem entre o discurso e as coisas, à relação do discurso consigo próprio, característico da retórica: "para as outras artes, todo o conhecimento diz respeito, por assim dizer a operações manuais e práticas do mesmo tipo, mas para a retórica não há obra manual, toda prática é efetuada e concluída pelos discursos...".

O discurso científico repousa sobre uma *semântica concreta*. (Ibid., p. 32). Entretanto, ainda que a ciência se defina para Granger a partir de uma *semântica concreta*, ele chama a atenção, contudo, para a relatividade de funções entre diferentes níveis da linguagem no que concerne às relações entre sintaxe e semântica (Ibid., p. 39). Seria, neste caso, mais apropriado pensar a sintaxe e a semântica como funções, donde o caráter entrelaçado dos diferentes níveis sintáticos e semânticos em qualquer discurso, inclusive o científico. De fato, veremos que, nas ciências, elementos inicialmente da ordem da semântica podem passar a funcionar como modelos de relações à medida que sua formalização avança. Será nesse sentido que Granger afirmará que o progresso de uma ciência depende de um progresso em sua formalização, o que implicaria uma relativa diminuição do papel da semântica à medida que a cientificidade de um discurso aumenta.

Axiomatização como horizonte do discurso científico

Um modelo científico só pode ser formulado na linguagem formal da ciência em questão. De fato, na medida em que visa recuperar não a aparência do real, mas as leis de sua constituição, o modelo difere da imagem (exceção feita à Física). Como se verá mais adiante, disto resulta a diferença entre um *simbolismo figurativo*, como aquele presente, por exemplo, no hieróglifo da água que evoca sua aparência líquida e um *simbolismo característico*, como na notação H_2O, onde se inscreve uma hipótese a respeito de sua constituição molecular, independentemente de sua aparência exterior, seja ela do estado sólido, líquido ou gasoso. O uso de um sistema simbólico não é, portanto, um traço acessório e secundário das ciências. De fato, só pode haver modelo científico se este for expresso a partir de um sistema simbólico. Isto implica que o progresso de uma ciência acarreta necessariamente o distanciamento da linguagem natural, plena de ambiguidades semânticas, e indulgente com imprecisões sintáticas. Nesse sentido, o modelo é inseparável de uma abordagem científica do seu objeto, na medida que visa compreendê-lo exclusivamente segundo a causalidade e necessidade neste supostas.

Dito isto, os modelos assim chamados científicos podem ser divididos da seguinte maneira: 1. O modelo propriamente empírico, do qual um exemplo seria o modelo behaviorista de Skinner; 2. O modelo empírico explicativo, pré-formalizado, mas posterior ao modelo empírico citado acima, contudo ainda empírico e explicativo, como, por exemplo, o modelo freudiano da pulsão ou da associação-livre; 3. Os modelos já formalizados ou pré-axiomatizados, como, por exemplo, o modelo para explicar o funcionamento das estruturas mentais específicas para o ato de conhecer e interpretar o mundo de Piaget, por ele formalizadas por intermédio dos agrupamentos de classes e relações e do grupo INRC, e finalmente, 4. Os modelos axiomatizados, isto é, modelos que não dependem mais da validação empírica ou da natureza, e que se legitimam através da demonstração a partir de Axiomas que não podem ser questionados, pois têm sua validade garantida pelo exercício da Lógica e da matemática, exemplo: a axiomatização feita por Giuseppe Peano dos números naturais.

Pode-se dizer que, no movimento de crescente abstração que todo conhecimento científico sofre, a noção de axiomatização é seu ponto culminante:

> Uma axiomática, diz Piaget, é uma ciência exclusivamente hipotético-dedutiva, isto quer dizer que ela reduz a um *mínimo* os apelos à experiência (ela tem mesmo a ambição de eliminá-los completamente) para reconstruir livremente seu objeto por meio de proposições indemonstráveis (axiomas), que se tratará de combinar entre si segundo todas as possibilidades e do modo mais rigoroso. Foi desse modo que a geometria fez grandes progressos quando, buscando fazer abstração de toda intuição, ela construiu espaços os mais diversos definindo simplesmente os elementos primeiros admitidos por hipótese e as operações às quais eles estão submetidos. O método axiomático é, portanto, o método matemático por excelência, e ele encontrou numerosas aplicações, não somente nas matemáticas puras, como também

> na aplicada. [...] A utilidade de uma axiomática ultrapassa, com efeito, aquela da demonstração: na presença de realidades complexas e resistentes a uma análise exaustiva, ela permite construir modelos simplificados do real e fornece assim ao estudo deste último instrumentos de dissecção insubstituíveis. (Piaget, 1967, p. 34-5)

Com efeito, chegada à axiomatização, uma teoria científica natural pode abrir mão de seus dados empíricos, o que significaria que ela pode passar a ser considerada como "ciência pura", isto é, como tendo uma semântica formal. Tal critério, válido para as ciências naturais, valeria igualmente para as ciências humanas? Aqui a posição de Granger é claramente negativa, e isto, a partir de uma reflexão sobre a clínica psicanalítica. Conforme o grande epistemólogo, "a noção de sistema axiomático [...] não pode fornecer às ciências humanas o único esquema de sua construção. Em uma oposição que se pretende complementar, aparece o problema do conhecimento do individual". (Granger, 1967, p. 20). Assim, uma *axiomatização* seria *a fortiori* inviável, para todas as ciências humanas, ou, pelo menos, para aquelas cujo interesse clínico exige um "conhecimento do individual".

De fato, se o conhecimento científico dirige-se ao que não varia, ao que é imutável nos fenômenos, e se o individual é aquilo que não tem uma repetição, não há como se conceber um conhecimento científico desse último, quanto mais uma dedução *a priori* para o mesmo. Piaget, a propósito, não se interessou pelo individual, pois que o sujeito epistêmico não é ninguém e, ao mesmo tempo, está subjacente a todos. Nesse sentido, sua teoria não enfrenta o problema específico das teorias orientadas por uma clínica, tal como indicado por Granger. Ainda que isso signifique um ligeiro desvio nessa primeira parte desse trabalho, julguei útil incluir aqui o próximo item, que procura explicitar de que modo a psicanálise freudiana enfrenta essa questão.

Sobre a clínica como limite entre o geral e o singular

> Pensamentos sem conteúdo são vazios; intuições sem conceito são cegas.
> (Kant, 1781, B 75 A 51).

Para efeito de clareza e objetividade da questão abordada por Granger, seria conveniente separar a parte teórica da parte clínica das ciências. Assim, sugiro uma separação formal entre os problemas impostos pela construção dos modelos de uma ciência daqueles oriundos de sua aplicação a realidades singulares. Nesse caso, os obstáculos oriundos da aplicação dos modelos deveriam ser de dois tipos. Por um lado, aqueles que não exigem mudanças nos modelos teóricos, apenas ajustes e restrições relativas à situação de sua aplicação. Por outro lado, aqueles que exigem uma reformulação global dos modelos. No primeiro caso, poderíamos considerar que os obstáculos dizem respeito ao aspecto técnico da ciência em questão. Apenas no segundo caso é que poderiam ser chamados de *obstáculos epistemológicos*, conforme a definição de Bachelard, isso é, aquele tipo de obstáculo que faz avançar uma teoria científica. Observe-se ainda que o interesse pelo singular não se restringe às ciências humanas. No currículo de uma, em princípio, rigorosa ciência aplicada, como a Engenharia, encontra-se a disciplina "Clínica de materiais", por exemplo. Dito isso, cabe igualmente lembrar que, se é verdade que uma clínica – atividade necessariamente voltada para o singular –, não pode ser objeto de uma generalização, isso não implica que os conceitos que a orientam não possam servir a classes de indivíduos. Assim, caberia distinguir claramente os lugares epistemológicos do singular diante do geral no discurso científico. Vejamos essa questão a partir da questão cara aos psicanalistas que é aquela sobre a técnica.

Evocando *o nobre jogo de xadrez*, em 1913, Freud busca introduzir a complexidade própria da técnica psicanalítica:

> Quem espera aprender o nobre jogo do xadrez pelos livros, cedo descobrirá que somente as aberturas e os finais de jogos admitem uma apresentação sistemática exaustiva, enquanto que a imensa variedade de jogadas após a abertura impede qualquer descrição desse tipo. Apenas um estudo diligente das partidas travadas pelos mestres pode preencher esta lacuna na instrução. Limitações semelhantes sujeitam as regras que podem ser fornecidas para o exercício do tratamento psicanalítico. (Freud, 1913, p. 454)

A habilidade neste jogo de inteligência, onde a extrema precisão das regras permite uma combinatória praticamente infinita de possíveis jogadas, seria praticamente impermeável a uma transmissão de mestre a aluno: diante da imprevisibilidade das situações permitidas por esse jogo, não haveria como preparar o iniciante para o essencial de suas futuras dificuldades. As primeiras orientações técnicas da psicanálise são assim cautelosamente apresentadas por Freud como soluções artesanais: um peculiar acordo resultante da tensão entre o rigor formal de suas hipóteses sobre a etiologia da neurose e a singularidade inerente a cada um dos jogadores.

A técnica psicanalítica nasce, portanto, como questão independente, de uma tensão entre o rigor de um saber que se quer universalmente transmissível e a singularidade da experiência clínica. A partir desta inflexão clínica da tradicional problemática entre o singular e o universal, a técnica psicanalítica poderia ser descrita através de duas direções paradoxais e, não obstante, necessárias para o avanço da Psicanálise como ciência. De uma parte, na questão do estilo do analista: pois, aquilo que se repete na singularidade como traço inimitável é também marca ambígua de sua genialidade ou sintoma[3].

De outra parte, naquela da articulação entre teoria e clínica: pois, se cada modelo de psiquismo abre a escuta para diferentes

---

[3] A respeito da participação dos processos psíquicos inconscientes do analista em sua escuta, recomendo o trabalho de Daniel Delouya, *Psicopatia*, particularmente o capítulo 7: "O aparelho psíquico no método de apreensão clínica" (Delouya, 2003).

sentidos do discurso, são precisamente os impasses singulares da clínica que constituem seus *obstáculos epistemológicos*, ou seja, aqueles elementos de resistência à teoria que, segundo Bachelard, exigem alterações na estrutura conceitual de uma ciência. Nesse sentido, a psicanálise é indistinguível de outras ciências empíricas, com referentes concretos. Tal como para as outras ciências, para a psicanálise, o "objeto da teoria é o campo de fenômenos do qual ela deve dar conta". (Mezan, 2002, p. 437)

A dialética entre o caráter apriorístico das primeiras premissas e sua progressiva sujeição aos fatos é expressa por Freud, em 1915, no primeiro parágrafo das *Pulsões e seus destinos*, o qual demonstra uma maturidade epistemológica na psicanálise frequentemente ignorada:

> Ouvimos com frequência a afirmação de que as ciências devem ser estruturadas em conceitos fundamentais claros e bem definidos. De fato, nenhuma ciência, nem mesmo as mais exatas, começa com tais definições. O verdadeiro início da atividade científica consiste antes na descrição dos fenômenos, passando então a seu agrupamento, sua ordenação e sua organização. Já na fase de descrição não é possível evitar que se apliquem certas ideias abstratas ao material manipulado, ideias provenientes de algum lugar, mas por certo não apenas das novas observações. Tais ideias — que depois se tornarão os conceitos fundamentais da ciência — são ainda mais indispensáveis à medida que se

elabora mais o material. Devem, de início, possuir necessariamente certo grau de indefinição; não podemos mencionar qualquer delimitação nítida de seu conteúdo. Enquanto permanecem nessa condição, chegamos a nos entender acerca de seu significado por meio de repetidas referências ao material de observação do qual parecem ter provindo, mas ao qual, de fato, foram impostas. Assim, rigorosamente falando, elas têm o caráter das convenções — embora tudo dependa de não serem arbitrariamente escolhidas mas determinadas por terem relações significativas com o material empírico, relações que parecemos adivinhar antes de podermos reconhecer e provar claramente. Só depois de uma investigação mais profunda do campo de fenômenos é que podemos apreender seus conceitos científicos fundamentais igualmente com mais exatidão, modificando-os progressivamente, de forma a se tornarem aplicáveis a uma extensão maior e sem qualquer contradição. Apenas então poderá ter chegado o momento de confiná-los em definições. O progresso do conhecimento não tolera, tampouco, qualquer rigidez de definições. Tal como ensina o exemplo da Física de modo brilhante, mesmo os 'conceitos fundamentais', estabelecidos sob a forma de definições, sofrem uma constantemente alteração de conteúdo. (Freud, 1915 a, p. 210-211)

De fato, o xadrez psicanalítico se joga essencialmente com a pronta alterabilidade de suas regras diante da imprevisibilidade da clínica, assim como com a enigmática alterabilidade psíquica do analista. A partir destas frentes comuns, a discussão da técnica em psicanálise tem se desenvolvido acompanhando as mudanças impostas pelas escolas pós-freudianas, configurando-se com um grau de complexidade bem maior do que aquele do nobre jogo na base da analogia freudiana.

Claro está que a linguagem formal, da qual dependem os modelos científicos, não implica um caráter estático, inalterável na mesma. A formalidade da linguagem científica não é um sinal de sua impermeabilidade aos fenômenos. Tal formalidade é a própria condição de possibilidade de sua permeabilidade aos fenômenos. Somente a natureza decididamente formal e convencional da linguagem científica permite que seus elementos possam ser substituídos quando se mostram insuficientes para descrição e compreensão da realidade.

A linguagem científica e sua possibilidade de dedução do real

A maioria da gente enferma de não saber dizer o que vê e o que pensa. Dizem que não há nada mais difícil do que definir em palavras uma espiral: é preciso, dizem, fazer no ar, com a mão sem literatura, o gesto, ascendentemente enrolado em ordem, com o que aquela figura abstrata das molas ou certas escadas se manifesta aos olhos. Mas, desde que nos lembremos que dizer é renovar, definiremos sem dificuldade uma espiral: é um círculo que sobe sem nunca conseguir acabar-se. A maioria da gente, sei bem, não ousaria definir assim, porque supõe que definir é dizer o que os outros querem que se diga, e não o que é preciso dizer para definir. Direi melhor: uma espiral é um círculo virtual que se desdobra a subir sem nunca se realizar. Mas não, a definição ainda é abstrata. Buscarei o concreto e tudo será visto: uma espiral é uma cobra sem cobra, enroscada verticalmente em coisa nenhuma. (Pessoa, 1999, p. 140)

Em coordenadas cilíndricas, para $T = 0$ a infinito, uma espiral é o conjunto de coordenadas (Alfa, R, Z), onde Alfa $= T$, $Z = Beta * T$, e Beta e R são números reais fixos. Beta descreve a torção da cobra sem cobra, e R descreve o tamanho do nada dentro dela. (Haagensen, 2005)[4]

Gilles-Gaston Granger em *Langages et épistemologie* (Granger, 1967), ao analisar a relação entre a linguagem natural e a linguagem científica, faz notar que a linguagem científica depende de uma progressiva formalização e codificação dos símbolos e de suas regras. Isto significa, segundo Granger, que o conhecimento científico depende necessariamente da construção artificial de uma linguagem, ainda que tal construção artificial não possa e não deva substituir completamente a linguagem natural. Com efeito, Granger aponta que, por mais

---

[4] Comunicação pessoal.

avançada que seja a formalização de um discurso científico, este não tem condições de substituir a função ilocutória da linguagem natural, isto é, a função realizada pelos signos que remetem à atualidade da própria mensagem (Granger, 1967, p. 21-22). Entretanto, o distanciamento da linguagem científica frente à linguagem natural demonstra que o progresso do conhecimento científico acaba por afirmar a precedência da sintaxe, isto é das regras de associação dos signos sobre a semântica, isto é a relação entre os signos e seus referentes.

Assim, na passagem da escrita da alquimia à escrita da química, Granger ressalta a substituição de um simbolismo figurativo por um simbolismo característico (Ibid., p. 24). No simbolismo figurativo, "o signo continua a ser sempre, em algum grau, uma imagem". Já no simbolismo característico, o signo se libera totalmente do seu referente, adquirindo uma arbitrariedade diante dos objetos que representa. Assim, no discurso científico, a representação do real tende a uma determinação essencialmente sintática das significações. Tal determinação de significações se dá, no discurso científico, de modo necessário. Diferentemente das regras sintáticas de uma língua natural, que predefinem de modo arbitrário as categorias de significação possíveis das palavras no interior da frase, a sintaxe do discurso científico é necessária.

Por exemplo, a sintaxe das línguas naturais apresenta variações arbitrárias na definição da posição do adjetivo: em inglês o adjetivo deve vir antes do substantivo – *a beautiful woman* – enquanto nas línguas latinas, a posição anterior ou posterior do adjetivo predefine seu sentido: *um novo carro* é diferente de *um carro novo*. Assim, as regras arbitrárias da linguagem natural só podem servir aos falantes da língua. Na linguagem científica, as regras sintáticas são necessárias, para todos e, portanto, universalmente compreensíveis. Com efeito, no discurso científico um erro de sintaxe acarreta um fracasso na comunicação.

A linguagem artificial da ciência vem, ao longo de seu desenvolvimento, tendendo a uma utilização de sistemas simbólicos formais, por exemplo, a história do simbolismo químico que apresenta claramente a relação entre o progresso da ciência e o progresso do sistema simbólico de que ela se vale (Granger, 1994, p.53).

Em seu livro *A ciência e as ciências*, Granger apresenta claramente esse processo de formalização crescente na constituição de uma ciência. Um primeiro traço marcante seria a evolução de um *simbolismo dito figurativo* para um *simbolismo característico*, diz Granger, emprestando este termo de Leibniz.

> No simbolismo figurativo como dos alquimistas, diz Granger, os símbolos remetem diretamente a imagens sensíveis ou a propriedades astrológicas ou místicas dos corpos. [...] As fórmulas alquímicas são mementos operatórios, imprecisos e voluntariamente esotéricos: "feliz o que compreendeu" é a última frase de um manuscrito alquímico de Sózimo, o Panopolitano, do século III d. C. [...] Um simbolismo característico, pelo contrário, tende a permitir, mediante a

análise dos signos, reconhecer as propriedades químicas do objeto designado. (Ibid., p. 53).

Sendo assim, foi possível no século XVIII uma manifesta transformação dos símbolos, pois, em 1787, Lavoisier já propôs um Quadro de Nomenclatura, no qual a denominação das substâncias compostas é ordenada pela posição entre ácidos e bases, pelo papel mediador do oxigênio que "acidifica", atendendo a um comentário de Guyton de Morveau que já constatava a necessidade de adotar um sistema de denominação para indicar, sem confusão, os diferentes elementos químicos. Nesse sentido, "Lavoisier introduziu a oposição entre as terminações em *-ique* e *-eux* (-ico e -oso) para os ácidos, conforme o grau de oxigenação e as terminações em *-ate* e *-ite* (-ato e -ito) para os sais". (Ibid., p.54)

Outra característica do progresso na construção uma linguagem própria para a constituição de uma ciência seria o progressivo predomínio do simbolismo gráfico relativamente ao simbolismo oral. Mendeleev, o responsável por ordenar em colunas os elementos segundo as massas atômicas crescentes, observou que os elementos quimicamente semelhantes ficavam numa mesma horizontal. Posteriormente, reuniu esses elementos de propriedades parecidas em colunas, denominadas grupos. Enunciou, então, a lei periódica, segundo a qual, dispondo-se os elementos na ordem crescente de massas atômicas, suas propriedades variam de modo definido e retornam ao mesmo valor em pontos fixos das séries. Tamanha era sua confiança na validade da lei que, quando a ordem dos elementos parecia ser interrompida, deixava espaços em branco, lacunas que corresponderiam a elementos que deveriam ser descobertos. Mendeleev chegou a prever as propriedades destes elementos, acertando em quase todas.

Mas foi apenas no século XIX que realmente se constituiu uma notação escrita capaz de representar os conhecimentos químicos. "Berzelius, no *Ensaio sobre a nomenclatura química*, introduziu a maior parte dos símbolos atuais de corpos simples então conhecidos, e fez com que representassem uma massa determinada do corpo." (Ibid., p. 54)

O aperfeiçoamento da linguagem prosseguirá paralelamente ao progresso da teoria atômica. Kekulé (1829/1896), de quem se conta uma estória extraordinária de que ao dormitar num coche em Londres viu em sonho a "figura cíclica dos seis átomos de benzeno e de seus companheiros de hidrogênio, introduziu definitivamente uma representação espacial das ligações e das reações moleculares, que Le Bel e Vant Hoff deveriam estender a esquemas tridimensionais". (Ibid., p. 54)

A sintaxe química aparece então como a evolução da linguagem onde os símbolos alquímicos eram em sua maioria elementos figurativos, isolados para cada substância, meramente justapostos nas fórmulas. Aos poucos esses símbolos foram se combinando de acordo com regras que representavam reações.

Desta história resta a demonstração não apenas

> [...] que o aperfeiçoamento da linguagem e sua evolução no sentido de um sistema estritamente formal constituíram um progresso na expressão de um saber científico, mas também, que ele sugeriu conhecimentos novos, já que a representação gráfica revela relações, possibilidades de operações que em seguida se tentará verificar e realizar empiricamente ou que serão ponto de partida para novas concepções teóricas. (Ibid., p. 55)

Deste fato, pode-se conceber que a linguagem formal das ciências não é mera representação do conhecimento, mas que dele faz parte de modo constitutivo. Toda ciência se produz numa linguagem, ou seja, em um sistema simbólico. Mas este sistema deve ser formal, ou seja, deve constituir-se a partir de um conjunto de signos organizado como um sistema fechado. Tal "fechamento" significa simplesmente que a inserção de novos signos no sistema deve ser submetida a certas regras. As linguagens científicas pertencem à classe especial dos sistemas simbólicos fechados.

Como compreender, entretanto, a capacidade dedutiva, isto é, a possibilidade de antecipação dos modelos, artificialmente criados e essencialmente abstratos, frente à concretude dos fenômenos naturais? Segundo Granger, é o caráter formal dos modelos científicos que permite fazer inferências sobre o real. Isto se deve aos resultados conjugados de dois movimentos, até certo ponto opostos, do processo da construção de modelos formalizados. Pois, se, em um primeiro momento, o modelo parte de uma descrição de fenômenos relativamente singulares, em um segundo momento ele opera um afastamento do real para considerar a classe possível daqueles primeiros fenômenos. Assim, uma vez formalizados, os modelos servirão para todo um conjunto de possíveis casos singulares. Note-se, portanto, que um modelo científico tem como referente não os fenômenos do real, mas o sistema imanente de sua organização.

A título de ilustração, basta retomar a célebre contestação kantiana da hipótese de Hume sobre o hábito como fundamento do conhecimento. Hume afirma que é por hábito que sabemos que o sol nascerá amanhã, o que jamais nos permitiria ter a certeza desse retorno. No entanto, sabemos que o sol nascerá necessariamente, o que ocorre, naturalmente, não por hábito, mas porque nos apoiamos sobre um modelo matemático do sistema solar. Apenas esse modelo matemático nos permite prever com necessidade o nascer futuro do sol, pelo menos enquanto o sistema solar existir como tal.

A dedução científica do real possui assim um movimento progrediente: parte de certas premissas, que, submetidas a um dado conjunto de regras, permitem que se chegue a conclusões mais ou menos precisas sobre o real. Mas esse processo não exclui, como se verá adiante, outras formas de chegar a conclusões sobre o mundo, presentes na vida cotidiana e na psicopatologia.

3.

A Lógica na linguagem natural

A origem orgânica da linguagem em Jean Piaget e em Noam Chomsky e o caráter formal de seus modelos

Chomsky se ocupou dos princípios fundamentais que estariam subjacentes às estruturas gramaticais de todas as línguas naturais e dos quais derivariam necessariamente. Tais estruturas seriam organicamente determinadas:

> Uma das razões de estudar a linguagem, diz Chomsky, e que, para mim, pessoalmente, é uma das mais motivadoras, é que é tentador considerá-la como um "espelho da mente", segundo a expressão tradicional. Com isso, não quero simplesmente dizer que os conceitos expressos e as distinções estabelecidas na linguagem corrente nos esclareçam sobre as estruturas do pensamento e o universo do "senso comum", construídos pela mente humana. Mais atraente para mim, finalmente, é poder descobrir, através do uso da linguagem,

os princípios abstratos que governam a sua estrutura e o seu uso, princípios esses que são universais pela necessidade biológica, e não por acidente histórico, e que derivam de características mentais da espécie. (Chomsky, 1976, p. 4-5, apud Ramozzi-Chiarottino, 1994, p. 27)

Chomsky denomina de gramática gerativa tais princípios abstratos. Segundo o gerativismo, para se conhecer a sintaxe de uma língua, é preciso formular sucessivas hipóteses sobre as operações mentais envolvidas na derivação, ou geração, das suas frases. Na base dessa derivação está um conjunto de escolhas lexicais. No final da mesma, admite-se que as estruturas frásicas, então já criadas, se bifurcam em dois tipos de expressão, ou representação, uma no nível dos sons (representação fonética) e outra no nível do significado (forma lógica), o que dá conta do objeto observável da teoria sintática, aquele inerente à linguagem natural.

Quando se diz ou se ouve uma frase, dizem-se ou ouvem-se sucessivas palavras. Essa sucessão de palavras é vista pela gramática gerativa como o resultado superficial (chamado *sintaxe visível*) de uma articulação dinâmica entre estruturas, algumas das quais são apenas abstratas, não tendo correspondência no léxico das línguas. A teoria de Chomsky visa ilustrar os "princípios abstratos" que governariam as estruturas gramaticais das línguas naturais e, portanto, a capacidade de conhecer dos seres humanos.

> Assim, diz Chomsky, a linguagem é um espelho da mente num sentido profundo e não trivial. É um produto da inteligência humana que cada vez é recriado no indivíduo por operações que escapam muito às fronteiras da vontade ou da consciência. O estudo das propriedades das línguas naturais, da sua estrutura, da sua organização e do seu emprego, pode dar-nos a esperança de adquirir certa compreensão das características específicas da inteligência humana. Nós podemos esperar compreender alguma coisa a respeito da natureza humana; alguma coisa significativa, se é verdade que a capacidade cognitiva do homem é a característica marcante e realmente distintiva da espécie. (Chomsky, 1975, p. 11, apud. Ramozzi-Chiarottino, 1994, p. 28)

Os modelos de Piaget e Chomsky, apesar de se colocarem em níveis diferentes quanto à explicação da origem da organização sintática e inteligente das ações humanas sobre seu meio, não são incompatíveis. Com efeito, o modelo piagetiano é um modelo que explica o funcionamento das estruturas mentais específicas para conhecer e interpretar o mundo a partir da observação da criança já recém-nascida. De fato, Chomsky nunca explorou ou observou a criança antes do evento da fala, apenas as crianças que já falavam. Isto significa que Chomsky não construiu uma teoria a partir dessa anterioridade da fala, apenas trabalhou com o processo instalado, com a criança já como falante. Piaget aponta o problema dessa escolha.

> [Chomsky] concluiu que, sob as transformações de suas 'gramáticas geradoras', descobria-se finalmente um *núcleo fixo inato* que compreende certas estruturas necessárias como a relação do sujeito com predicado. Ora, se isto suscita desde já um problema do ponto de vista biológico, de explicar a formação de centros cerebrais que tornam simplesmente possível a aquisição da linguagem, a tarefa torna-se ainda bem mais árdua se se trata de centros que contenham de antemão as formas essenciais da língua e da razão. Do ponto de vista psicológico, por outro lado, a hipótese é inútil, pois, se Chomsky está certo em apoiar a linguagem sobre a inteligência e não o inverso, basta nesse sentido recorrer à inteligência sensório-motora cujas estruturações, anteriores à palavra, supõem sem dúvida um amadurecimento do sistema nervoso, porém bem mais ainda, uma sequência de equilíbrios decorrentes de coordenações progressivas e autorregulações. (Piaget, 1970, p. 34)

Segundo a teoria piagetiana, a sintaxe presente nos discursos e na organização da língua tem sua origem na lógica das ações que por sua vez deriva da organização interna do organismo vivo. Piaget parte, portanto, da premissa de que, entre a linguagem e a organização viva, haja relações de continuidade: as operações lógicas realizadas naturalmente por qualquer ser humano que age e fala dependem, assim, de estruturas de natureza orgânica. Piaget e Chomsky consideram a sintaxe como predeterminada pelas estruturas orgânicas. Cabe notar que isto não configura uma tradução biologizante do caráter já dado das categorias kantianas. O apriorismo piagetiano pressupõe uma gênese e uma evolução segundo um processo de interações dialéticas com o meio, o que faz deste último uma espécie de *condição de possibilidade* do desdobramento das capacidades lógico-cognitivas do sujeito do conhecimento. Na linguagem natural, segundo Piaget, a *sintaxe*, repitamos, é oriunda da lógica das ações, que, por sua vez, é fruto do funcionamento cerebral explicado inicialmente, pelo modelo dos agrupamentos. A *semântica*, por sua vez, resulta de convenções da língua materna assimiladas pela sintaxe preexistente num momento dado. A *pragmática*, isto é, o uso da linguagem, é psicossocial, ou seja, o como o sujeito irá utilizar os signos é problema de cada um, em função do seu papel social e de suas estruturas psíquicas.

A teoria piagetiana tem como objeto o funcionamento do psiquismo enquanto este conhece e interpreta o mundo. Segundo a teoria piagetiana, o ser humano, ao conhecer e interpretar o mundo em que vive, raciocina segundo regras que poderíamos chamar de lógico-matemáticas dadas de antemão no funcionamento cerebral, de modo natural e espontâneo, e, quase sempre, não consciente. Biólogo de formação, Piaget parte da premissa de que há uma continuidade entre os processos classicamente chamados de orgânicos e os considerados pela tradição como psíquicos, continuidade na qual os mecanismos cognitivos são explicados como resultado do funcionamento das estruturas mentais orgânicas sempre como uma adaptação destas últimas ao meio. Não haveria, portanto, oposição, do ponto de vista biológico, entre o conhecimento e a vida. Piaget busca demonstrar que "os mecanismos cognitivos [...] constituem os órgãos diferenciados e especializados das regulações fisiológicas nas interações com o exterior, dito de outro modo, que ao prolongar as estruturas orgânicas em geral, eles realizam funções particulares, porém ainda biológicas". (Piaget, 1966, p. 3-4, *apud* Ramozzi-Chiarottino, 1998, p. 339). Piaget, além disso, visa também compreender a gênese dos mecanismos cognitivos, desde seu início, como assimilação motora do bebê ao mamilo materno, até suas formas mais complexas, como é o caso da necessidade lógico-matemática. Ora, tal ponto de vista genético supõe uma construção progressiva das capacidades cognitivas, ordenadas segundo uma sucessão temporal e estrutural (estruturas cada vez mais complexas são construídas na embriogênese).

Note-se que as observações de Piaget foram realizadas a partir de uma hipótese que supunha já uma analogia entre toda e qualquer organização viva e o funcionamento da razão humana que seria uma especialização em relação às formas mais primitivas de vida. Tais observações confirmaram que a criança, de fato, raciocina segundo possibilidades regularmente limitadas, não importando o conteúdo de tais raciocínios. A regularidade de tais limitações (*como expressão de um funcionamento cerebral*), assim como da sequência das aquisições da capacidade cognitiva em sujeitos normais é o objeto dos modelos piagetianos, donde é possível conceber sua teoria como uma *embriogênese do sujeito epistêmico*, e ao mesmo tempo como um *kantismo evolutivo*, já que pretendeu criar uma teoria do conhecimento na qual admite um *a priori* ainda que construído ao longo dessa embriogênese.

Vemos então que, para explicar as regularidades que observa no desenvolvimento cognitivo da criança, Piaget concebe a existência de "estruturas mentais" como parte do funcionamento cerebral, passíveis também de uma construção progressiva. As operações reais do pensamento, observáveis no comportamento ou no discurso infantil, dependeriam, pois, de tais estruturas. Tais estruturas, não sendo observáveis, possuem uma natureza hipotética, o que implica que seu funcionamento só possa ser representado por intermédio de modelos hipotético-dedutivos.

Note-se que, uma vez que se trata de isolar *formas gerais* da cognição, independentemente do seu conteúdo, claro está que a representação destas estruturas só pode lançar mão de modelos que sejam, desde o início, por um lado, abstratos, de natureza formal, e, por outro, adequados a representar diferenças sutis da capacidade de pensar em geral. Eis a necessidade epistemológica do caráter formal dos modelos piagetianos. É assim que, se, em um "primeiro tempo, Piaget diz que toma a Lógica como um modelo descritivo daquilo que observara, [...] em um segundo tempo, irá criar um modelo explicativo do raciocínio das crianças, que obedece às regras da Lógica [...]" (Ramozzi-Chiarottino, 1998, p. 337).

Em suma, Piaget utiliza, portanto, modelos lógicos para explicar o funcionamento cerebral que, por sua vez, determina a construção das possibilidades de explicar o comportamento observável na criança. Ora, na medida em que tais possibilidades de conhecer derivam das possibilidades de combinações entre relações, análogas às já estabelecidas pela lógica, devemos lembrar que tais modelos não se confundem com a Lógica ela própria, que como uma ciência formal, axiomatizada, não possui referente. "Isto quer dizer, observa Piaget, que a Lógica é uma axiomática da razão, da qual a psicologia da inteligência é a ciência experimental correspondente." (Piaget, 1967, p. 34)

Analogamente aos modelos da física, quando se trata de criar modelos matemáticos de entidades invisíveis, não palpáveis, Piaget cria seus modelos das estruturas mentais em linguagem algébrica, que poderiam ou não ser confirmados pela experiência e por ela passíveis de refutação. Seus modelos diferem da imagem do real – no caso, a descrição do comportamento da criança – na medida em que visam abordá-lo exclusivamente segundo as relações aí subjacentes. Diferentemente da imagem que mimetiza o objeto, o modelo explicativo piagetiano não se atém às aparências deste, mas busca trazer à tona suas leis de determinação. Com efeito, os modelos descritivos resultam de abstrações ou imitações de objetos sempre visíveis, já os modelos explicativos resultam de deduções sobre objetos invisíveis a partir de sinais visíveis.

Os modelos de Piaget naturalmente desembocam, desse modo, na *Lógica operatória*, a qual, segundo ele,

> [...] não pretende ser uma Lógica, mas um modelo algébrico das operações reais da criança [...] Sem ser uma Lógica, a *lógica operatória* reencontra a lógica no pensamento real, pois que os sujeitos pensantes estudados pelo psicólogo e pelo sociólogo se dão regras de pensamento, das quais algumas são vizinhas e outras são diferentes daquela da lógica axiomática própria ao lógico "puro". Sem ser uma Lógica, a lógica operatória é, portanto, uma teoria algébrica das estruturas em função das quais o pensamento real se impõe (com ou sem razão) uma Lógica. (Piaget, 1952, p. 81, apud Ramozzi-Chiarottino, 1998, p. 337)

Ora, Piaget desenvolve dois modelos lógico-matemáticos fundamentais para explicar o funcionamento das estruturas mentais: os *agrupamentos* de classes e relações, que dizem respeito ao período no qual a criança só consegue operar sobre objetos concretos, e o *grupo INRC*, quando ela chega ao raciocínio formal, que independe dos conteúdos. Os sistemas de esquemas, descritos e formalizados por Jean Piaget nos agrupamentos, e o sistema das relações subjacentes às operações mentais nas relações do grupo INRC equivalem às *possibilidades* de ações práticas e mentais que visam o conhecimento.

> O agrupamento é um modelo teórico, formalizado, para explicar o funcionamento do psiquismo que esclarece o papel das *funções mentais*, ou *estruturas mentais* em qualquer atividade humana. Essas funções mentais, na obra de Piaget,

> têm dois aspectos complementares: de um lado sua constituição endógena, a partir das trocas do organismo com o meio e, de outro lado, aquilo que elas permitem ao ser humano (enquanto condição necessária, ainda que não suficiente), entender, interpretar e inventar a partir de seu funcionamento. As "possibilidades mãe" do estabelecimento de relações, ou seja, aquelas das quais dependerá qualquer construção possível na vida adulta são oito, ou seja, os agrupamentos: I – dos encaixes simples; II – das vicariâncias; III – das tabelas de duas entradas; IV – das classificações; V – das seriações; VI – das relações simétricas; VII – das multiplicações entre duas séries que dizem respeito à mesma relação VIII – das relações genealógicas. [...] Pois bem, seriam estas as condições necessárias, ainda que não suficientes, para qualquer tipo de interpretação do mundo, ou melhor, qualquer tipo de interpretação do mundo suporia o estabelecimento destas relações, ainda que de forma *não consciente* e enquanto *funcionamento mental* presente nas ações e nas interpretações do mundo pela criança. (Seibert, 2003, introdução)

Segundo Piaget, a sintaxe do funcionamento cerebral específico para o ato de conhecer inferido a partir da lógica das ações, e representado em seus modelos, é constituída de regras necessárias. Cabe sublinhar que, segundo sua teoria, assim como naquela de Noam Chomsky, a sintaxe do raciocínio é necessária, enquanto que a semântica presente nas línguas naturais é arbitrária. Com efeito, a incipiente lógica de classes e relações presente nas primeiras ações da criança e isomorfa à Lógica de classes e relações, precede as significações sobre as quais ela se exerce, de onde é possível afirmar, de acordo com a teoria piagetiana, uma primazia das operações lógicas operacionais sobre a função simbólica inerente à linguagem, e, portanto, uma primazia da sintaxe sobre a semântica também no campo psicológico.

> No que diz respeito à linguagem, diz Piaget, compreende-se agora por que, mesmo admitindo-se que a sua intervenção constitui um *fator necessário para o acabamento das estruturas de classificação e de seriação*, na *medida em que essas estruturas comportam uma manipulação simbólica e representativa dos objetos que excede a sua manipulação efetiva*, essa intervenção não poderia ser considerada suficiente; com efeito, na medida em que a compreensão da linguagem (do "todos" e do "alguns", das ligações de inclusão, da transitividade das relações assimétricas próprias das seriações etc.) está subordinada a um desenvolvimento operacional, cuja autonomia relativa decorre de leis intrínsecas de equilíbrio, a linguagem não poderá constituir a razão necessária e suficiente de tais estruturações. (Piaget, 1955, p. 354)

Retomando aqui as relações entre sintaxe, semântica e pragmática na teoria de Jean Piaget, teremos maior clareza a respeito de seu posicionamento epistemológico. A teoria de Jean Piaget demonstra que todo "ato significador" (expressão de

De Mauro), isto é, todo exercício semântico do sujeito, desde o período sensório-motor, já vimos, até o período formal, depende de estruturas formais prévias, sempre de natureza orgânica, cujos modelos são os agrupamentos e o grupo INRC. Segundo o linguista Tullio De Mauro, o "ato significador" seria a única fundamentação possível da comunicabilidade dos significados, em outras palavras, a semântica deriva de uma pragmática. Mas, segundo a teoria de Jean Piaget, toda pragmática, supõe uma sintaxe que a organiza segundo estruturas lógicas, pois, ainda que o desdobramento das estruturas lógicas dependa de uma contínua interação do sujeito com seu meio, e que, portanto, suponha uma pragmática, o funcionamento das estruturas mentais define de modo *a priori* as formas lógicas de todas as possibilidades de ação empírica do sujeito. Nesse sentido, pode-se afirmar que, segundo os modelos de Jean Piaget, há uma indubitável anterioridade da sintaxe sobre a semântica na exploração do mundo feita pelo sujeito. Assim, no que diz respeito à relação da sintaxe com a pragmática, poderíamos apontar o profundo kantismo da teoria de Piaget, para a qual, *parodiando Kant, poderíamos dizer que a sintaxe se origina na experiência, mas que dela não deriva.*

A implicação significante *no conhecimento científico e na linguagem natural*

Piaget, ao longo de praticamente toda sua obra, toma a implicação como derivada da classificação e da seriação, mas, em determinado momento, ele caracteriza definitivamente o lugar da implicação. Com efeito, em 1977, em *Ensaio sobre a necessidade* (Piaget, 1977), isto é, apenas três anos antes de sua morte, Piaget reformula sua teoria sobre a gênese do necessário no desenvolvimento cognitivo ligando-a à ideia da *implicação significante*. Trata-se, para ele, de compreender como originário o processo que leva, por exemplo, o lactente a fechar a boca diante do som de uma colher de sopa, que não aprecia, mas a abri-la diante do som de uma colher com suco, que aprecia.

A capacidade de operar do ser humano terá então três pilares: classificação, seriação e implicação, (inicialmente como implicações significantes depois, implicações de natureza lógico-matemática). Naquele momento (Id., 1977), a implicação será elevada à categoria de modelo. Note-se que Piaget dirá, então, que a "implicação torna-se o centro do processo cognitivo", pois ela está subjacente às classificações e às seriações a partir do nascimento do sujeito epistêmico enquanto sujeito da ação [já as classificações e seriações existem em toda a organização viva, tanto na filogênese quanto na ontogênese]. A implicação torna-se, a partir daí, um modelo fundamental e equivalente à classificação e à seriação. As classificações e seriações são necessárias ao sujeito na medida em que este conhece o mundo, e absolutamente centrais no conhecimento científico, sob a forma de conceitos e definições. O foco de interesse da reflexão piagetiana na *implicação significante* se dá especificamente nesse sentido, a saber, na medida em que esta desemboca no conhecimento científico. Mas esse não é o único destino possível das implicações significantes. Zelia Ramozzi-Chiarottino tem desenvolvido sistematicamente pesquisas sobre o lugar da *implicação significante* na linguagem natural e na Psicopatologia.

Cabe notar que, se não existe classificação ou seriação sem implicação, o inverso não é verdadeiro. Com efeito, as classificações e seriações se inserem no conjunto das implicações no interior do universo das produções cognitivas do ser humano, mas esse universo não é hegemônico. De fato, para além das implicações, há outras formas de relações lógicas possíveis, expressas na Tabela de valor verdade. No próprio conjunto das implicações, uma vasta região da linguagem natural não opera segundo classificações e seriações adequadas, sem que isso diminua sua eficácia ou as prejudique em sua natureza. Inúmeras produções culturais, como a poesia, os mitos, a religião, a política, as relações sociais pessoais e familiares, assim como toda uma série de atividades banais do cotidiano não seguem em absoluto as classificações e seriações de modo necessário ou adequado.

Segundo Piaget, a categoria do necessário surge precocemente, sob a forma de implicações significantes. Na *implicação significante*, a relação entre as premissas e a conclusão não é, contudo, sempre verdadeiramente necessária. A criança faz naturalmente deduções, que aprende a corrigir com o desenvolvimento e a experiência. Cabe então lembrar que a *implicação significante* só foi estudada por Piaget na medida em que esta desemboca na construção de sistemas lógico-matemáticos como a física e a matemática, o que ocorre a partir dos cinco anos, através de um progressivo abandono dos conteúdos das experiências físicas.

Na implicação lógico-matemática as premissas são submetidas à condição inicial de que sejam verdadeiras: parte-se, então, das premissas e chega-se à conclusão. A dedução lógica possui uma forma demonstrativa, progrediente: se A implica B, se B implica C, então A implica C. Já a *implicação significante*, descoberta por Piaget, é uma dedução retroativa: se D está implicado em C, C está implicado em B e B está implicado em A, então D está implicado em A. Parte-se do atual e se retorna ao passado. Parte-se da conclusão e chega-se às premissas, donde a importância de sua presença na natureza explicativa das fantasias em relação aos eventos vividos. Segundo Zelia Ramozzi-Chiarottino,

> [...] a capacidade de inferir do ser humano aparece num primeiro momento como *implicação significante*, é a implicação no âmbito dos quadros sensoriais, ainda sem imagem mental. Essas primeiras inferências são possíveis como se a implicasse b na medida em que b completa o quadro onde

já existe a̲. Nesse caso a̲ e b̲ estão como que "aderidos" um ao outro. (Ramozzi-Chiarottino, 1992)

Seja no conhecimento cotidiano, seja nos processos psicopatológicos, a *implicação significante* opera de modo quase independente dos processos de classificação e seriação. Um indício dessa independência é obtido pela constatação de que, no dia a dia, encontramos frequentemente raciocínios de transdução, isto é, generalizações para uma classe realizadas a partir de uma verdade singular. De fato, de um ponto de vista cognitivo, os estereótipos sociais se estruturam a partir de transduções:

Assim, uma senhora que trabalhou na casa de alemães extremamente gentis declara seu conhecimento com indisfarçado orgulho: "Os patrões alemães são excepcionais." Afirmação que tem sua origem em um raciocínio que, ainda que improcedente, se estrutura a partir um juízo lógico: A e B são alemães e foram bons patrões, se x = alemão, então x = bom patrão. Ou na afirmação feita por um membro de uma família europeia: "As mães brasileiras são muito cuidadosas", a partir da observação de uma única mãe, brasileira, que forrou a cama com um lençol limpo antes de trocar o seu bebê. Quando uma verdade universal é deduzida a partir de uma verdade singular, suas implicações foram realizadas não a partir de uma classificação, mas a partir de um único exemplo, um único caso.

Ora, para além da estruturação lógica de estereótipos sociais e, portanto, dos preconceitos, as implicações significantes da linguagem natural extraem igualmente *conclusões singulares* de casos singulares:

- Um aluno observa, por acaso, um casal de professores jantando à luz de velas em um restaurante de um hotel de luxo numa outra cidade. Disto infere imediatamente que estão tendo um caso amoroso.
- Chego em casa para almoçar em um dia em que, habitualmente, todos estão presentes. Para minha surpresa, a casa está vazia. Concluo imediatamente que alguém teve um acidente e aciono preocupado o celular de minha esposa.
- O bebê que, faminto, ao ouvir os passos de sua mãe, imediatamente diminui ou aumenta a intensidade de choro, na certeza de que sua presença pode saciar sua fome.

Entre a premissa e sua conclusão, a *implicação significante* pode operar do singular para o singular. No conhecimento científico, ao contrário, as implicações são apoiadas sobre classificações e ordenações. Com efeito, o modelo científico, ao visar à construção de um sistema subjacente aos fenômenos, se caracteriza, conforme vimos, precisamente por um afastamento do seu referente inicial. Assim, no pensamento científico, o "caso único" pode valer como exemplo de uma lei geral, mas não como sua causa. Nesse sentido, na medida em que funcionam na dependência de sistemas, nos modelos científicos estão necessariamente implicadas as classificações e seriações. Tal caráter sistêmico é o que permitirá, de igual modo, a previsão de fenômenos futuros invisíveis no presente, como no caso da Tabela Periódica, de Dimitri Ivanovich Mendeleev que começou sem que todas suas casas fossem preenchidas por elementos efetivamente existentes na época – os quais futuramente seriam descobertos –, pois que previa desde seu início o lugar para os mesmos, deduzidos *a priori* por seu criador.

Note-se, contudo, que o sentido de "implicação" presta--se a certos mal-entendidos. Em um artigo sobre a *implicação significante*, Leonidas Hegenberg (1991) enumera três principais referentes do termo "implicação": 1. Enquanto dedução no interior de um argumento; 2. Como operador do cálculo proposicional, e 3. Como condicional explicativo.

Em primeiro lugar, examinemos o que diz o autor sobre o sentido de *dedução* no interior de um *argumento*. Segundo Hegenberg, "quando uma conclusão C é afirmada com base em certas premissas, [...] há o que se denomina uma *inferência*. [...]" (Ibid., p. 26). Ora, o uso do termo 'implicação' é conveniente, segundo o autor, quando esta inferência é dedutiva, isto é, quando a passagem das premissas à conclusão é feita a partir de *regras de inferência*. Nesse caso, se as premissas forem aceitas, as regras de inferência acarretarão a conclusão de modo necessário. O símbolo usualmente aceito para indicar tal passagem é " $\vdash$ ", uma espécie de T na horizontal. Assim a notação formal dessa passagem, para as premissas P1, P2,....Pn:

P1, P2,....Pn " ⊢ C

Fórmula que pode ser lida seja como: "As premissas acarretam C", como "C é a consequência lógica das premissas", ou ainda como "As premissas *implicam* C". E, como é usual que se empregue a expressão "Se, então" no interior de um argumento, essa leitura também é possível: "Se P1, P2,....Pn, então C". O autor faz a ressalva, contudo, que esse último uso do "se, então" tende a gerar um primeiro mal-entendido, pelo fato que, no dia a dia, o empregamos não somente para casos onde as premissas necessariamente acarretam a conclusão, como também para casos onde esta é apenas plausível. Nesse sentido, "implicação" e "se, então" seriam intercambiáveis apenas quando esta última expressão diz respeito a conclusões estritamente necessárias.

No caso 2., quando a "implicação" é a expressão relativa a um operador do cálculo proposicional, um outro tipo de mal-entendido aparece. De fato, novamente trata-se de um mal-entendido compartilhado com a expressão "se, então", sendo que ambas se referem ao juntor dito "filônico", em homenagem a Fílon de Megara, que viveu aproximadamente em 300 a.C..

Esclarece o autor "nos estudos de Lógica bivalente clássica, aceita-se a existência de proposições p, q, r, etc., admite-se que cada proposição tem um e um só de dois valores verdade (o valor V, de verdadeira, ou o valor F, de falsa)". A negação de uma proposição, por exemplo, é feita por um operador e, dadas duas proposições, os operadores que as "juntam" são denominados "juntores". É o caso do juntor "e", do juntor "ou", como também do juntor filônico, simbolizado por uma seta "→", ou por uma ferradura "⊃".

O mal-entendido vem do fato deste juntor ter sido tradicionalmente lido com a expressão "se, então" e com o recurso do termo "implicação": "se p, então q", ou "p *implica* q". Mas, o leitor pode se perguntar, qual o problema? O problema é que no cálculo de proposições levam-se em conta *apenas* os valores-verdade das proposições de modo convencional, e nada diz respeito ao seu caráter plausível ou não na realidade. Assim uma proposição composta pode ter valor verdade no cálculo lógico e ser absurda para qualquer reflexão sensata no dia a dia. Por exemplo, a sentença:

"Se o cavalo tem chifres, o gelo é morno."

seria, no cálculo lógico, uma proposição de valor-verdade 'V', isto é, uma proposição 'verdadeira', uma vez que é formada por duas proposições falsas, conectadas pelo juntor filônico:

[o cavalo tem chifres (F) ⊃ o gelo é morno (F)] = (V)
pois, para
[p (F) ⊃ q (F)] = (V)

Em casos como esse, há ainda uma possibilidade de absorção de tais proposições na linguagem natural, principalmente quando se trata de expressar nossa descrença por algo: "Se este deputado é honesto, minha avó é rainha da Inglaterra". Mas, no caso da primeira proposição ser falsa e a segunda verdadeira, a proposição resultante é ainda verdadeira, o que causa inegável mal-estar no universo da linguagem natural, como no caso seguinte:

"Se 2+2=7, o sol é uma estrela", pois
[p (F) ⊃ q (V)] = (V)

O próprio Piaget se refere ao juntor filônico como uma "implicação paradoxal" em seu *Essai sur la nécessité* (Piaget, 1977). Não é um acaso que este é considerado o "condicional louco" dos lógicos, e que ele possa gerar muitos mal-entendidos. De fato, as leituras "se p, então q", e "p implica q" tendem a sugerir, na linguagem natural, que haja uma relação de causa e efeito entre objetos onde há apenas um resultado lógico oriundo da relação entre valores-verdade. Ou nas palavras do autor: "o que seria uma proposição 'neutra': p *ferradura* q, passou a ser encarado como condicional de inferência, insinuando que o consequente q poderia ser obtido por inferência, com base na (pseudo) premissa p" (Hegenberg, 1991, p. 27). Ou seja, no interior de um cálculo proposicional, as expressões "*se p, então q*" e "*p implica q*" não possuem a mesma significação que as expressões "*se p, então q*" e "*p implica q*", ainda que gráfica e foneticamente idênticas, usadas no interior de um argumento, onde se parte de premissas para chegar a uma conclusão.

O terceiro sentido de "implicação", aquele denominado por Hegenberg de *condicional explicativo*, aparece no interior de explicações geralmente causais, mas não necessariamente dedutivas, como no caso de um argumento há pouco comentado. Estamos aqui, para além do formalismo absoluto do universo da linguagem da Lógica, e passamos ao campo seja da linguagem natural, seja da linguagem científica.

> Em termos genéricos, diz o autor, dispomos de certos dados (D) e, em função deles, justificamos a ocorrência de um evento (E). A fim de que E possa apresentar-se como decorrência dos dados D, algum nexo deve existir entre eles. Esse nexo é o condicional *Se D, então E* formulado com as respectivas descrições dos dados do evento. Esse condicional atua como garantia (G) da existência de nexo entre D e E. A credibilidade que associamos ao condicional está, porém, associada (1) à presença (ou não) de condições restritivas (R), capazes de impedir o surgimento de E, ainda quando presentes os dados D; e (2) à existência (ou não) de um corpo de conhecimentos prévios, ou seja, de um "suporte" (S), capaz de atuar como "fiador" do condicional "Se, então". (Hegenberg, 1991, p. 28-29)

Nesse caso, além da expressão "D é causa de E", é também usual que se empregue a expressão "dados de tipo D implicam

E". Note-se, contudo, que o suporte (S), de conhecimentos prévios, que atua como garantia e fiador do condicional, pode tanto ser um sistema teórico de uma teoria bem formulada, quanto um conjunto de crenças não muito bem delineadas.

Isso nos permite retornar ao sentido de *implicação significante* segundo Jean Piaget, diferenciando-a da causalidade. Segundo Piaget, é "fácil discernir a partir de que ponto começa a causalidade: é a partir do momento onde um sistema de leis adquire um caráter de necessidade enquanto sistema" (Piaget, 1971, p. 107). Ou seja, a partir do momento em que as implicações são deduções necessárias, feitas com base em um sistema de leis, sistema que permita deduzir de modo necessário uma conclusão, teremos implicação no sentido de uma causalidade, e, por que não, científica, ainda que esta se passe apenas nas reflexões de um só indivíduo. De modo que todas as outras implicações não necessárias são *implicações significantes*.

Pausa: "A Lógica como expressão tematizada do jogo de inferências" (G. G. Granger)

Até agora, na primeira parte desse estudo, intitulada *Lógica, linguagem científica e linguagem natural*, procurei apresentar, por um lado, a Lógica como constitutiva do pensamento científico, por outro, a Lógica como objeto de uma abordagem científica específica, aquela da teoria de Jean Piaget. Trata-se de dois movimentos independentes que visam a responder a questão kantiana: como podemos conhecer? No primeiro caso, essa pergunta é dirigida à história das ideias e, mais precisamente, à natureza do pensamento científico. No segundo, ela se dirige à gênese dos processos cognitivos na criança. Ao avançar em dois campos de investigação independentes, aquele da filosofia da ciência e aquele da epistemologia genética, viso, antes de mais nada, uma diferenciação progressiva da natureza e do funcionamento do pensamento lógico na estrutura dessas duas realidades do conhecimento.

A partir de tal diferenciação, apresentei o lugar do conceito de *implicação significante* na teoria de Jean Piaget. Ao longo de praticamente toda sua obra, a categoria do necessário foi pensada por Piaget como decorrente de *equilibrações majorantes*. Três anos antes de sua morte, ele assume, com o conceito de *implicação significante*, a possibilidade de uma precocidade inédita do pensamento inferencial na criança, assim como um esboço muito precoce do futuro pensamento causal. Zelia Ramozzi-Chiarottino salienta que, partir de uma origem comum na *implicação significante* haveria a possibilidade do desenvolvimento do necessário em duas direções. De uma parte, na direção explorada por Jean Piaget, a saber, o desenvolvimento do necessário no pensamento na medida em que este se aplica ao conhecimento do real, desde o nível sensório-motor, em sucessivos "graus de determinação" até a necessidade lógico--matemática, no nível das operações formais, onde surge o necessário no sentido matemático do termo, isto é, "aquilo que não pode deixar de ser". De outra parte, o necessário também se desdobra na direção do pensamento não lógico-matemático, isto é, nos sistemas de significação não Lógica, expressão cunhada por Zelia Ramozzi (1991) que nos explica que nesse sentido o necessário ganha outra significação que não a lógico-matemática, ou seja, nasce no indivíduo o sentimento do necessário, a certeza do necessário como aquilo que não pode deixar de ser... mas no entendimento dele e apenas dele. Essa capacidade humana de entender a necessidade lógico-matemática é projetada em situações da experiência vivida, inadequadamente, como decorrente de premissas que de forma alguma levariam o sujeito às conclusões que afirma como verdadeiras. Assim, a *implicação significante* pode ser considerada como presente nas inferências subjacentes a uma série de ações banais do cotidiano, como por exemplo: "se a mesa está posta, o jantar deverá ser servido", mas pode também aparecer nas cadeias implicativas que constituem a base de várias patologias. Essas são implicações significantes, que, sem validade lógico-matemática (pois nenhuma relação de necessidade se impõe entre a premissa e a conclusão), estão presentes e atuantes de modo eficaz e às vezes dramático na vida cotidiana e nos comportamentos.

Vimos, portanto, que as regras da inferência são válidas tanto para os sistemas ditos lógicos quanto para os sistemas de significação não lógica. Assim como o pensamento lógico-matemático é o substrato da ciência como tal, os sistemas de significação não lógico-matemática constituem-se na possibilidade de interpretação do mundo pelo homem e na sua ação cotidiana no mundo.

Realizado tal percurso, algumas posições podem ser estabelecidas. Em primeiro lugar, o fato de que a abordagem da Lógica pela Psicologia necessariamente a desvincula da finalidade demonstrativa de sua origem. De fato, se algumas teorias do psiquismo buscam compreender determinações do discurso, elas devem conceber as relações entre Lógica e linguagem sob um ponto de vista simultaneamente mais restrito e mais amplo que aquele das condições formais de toda demonstração. Mais restrito, pois, como ciência empírica, a psicologia se posiciona em seus modelos e demonstrações como usuária da Lógica como ciência formal, o que a faz necessariamente dependente de desenvolvimentos alheios ao seu campo de investigação. Mais amplo, contudo, pois o interesse da psicologia pela gênese e estrutura do psiquismo a leva a investigar o campo das demonstrações incompletas, ilusórias ou errôneas, campo exterior, portanto, ao rigor da demonstração silogística. Como tais desvios obedecem, em parte, a certa regularidade, justifica-se a abordagem científica dos mesmos. É nesse duplo sentido que podemos encontrar em Freud um lugar para a Lógica em suas investigações sobre a linguagem natural. É também o caso de Piaget, que, como tratou do aspecto cognitivo, criou modelos formais e criou a *Lógica operatória*, assim como uma teoria sobre a aquisição da linguagem que implica a Lógica como fruto do funcionamento cerebral.

Isso posto, é fato que a situação de diálogo, com finalidade persuasiva, talvez seja a ocasião em que a linguagem natural mais se aproxima da demonstração de um silogismo. Entretanto, seria um erro considerar esta aproximação como um ponto de intersecção, uma vez que a persuasão visa sempre uma transformação na opinião de interlocutores historicamente defińiveis, enquanto que a demonstração lógica visa apenas conter verdades formais expressas em uma linguagem artificial, isto é, construída sobre convenções. É fato que, se as linguagens artificiais podem partir de linguagens naturais, "delas não derivam", pois sua construção depende apenas de leis internas a elas próprias e não daquelas de sua origem.

No campo da ciência, como é o caso da psicologia, as relações entre as linguagens naturais e as linguagens artificiais parecem se organizar enquanto mutuamente dependentes. Por um lado, é preciso reconhecer que, mesmo em uma utilização extremamente especializada da linguagem científica, pressupõe um uso informal, essencialmente flexível e ambíguo, próprio da linguagem natural em suas formulações. Será apenas a partir de tal uso informal que uma região limitada da linguagem poderá ser rigorosamente formalizada. É nesse sentido que Tullio de Mauro declara que "construir uma linguagem artificial significa construir uma área de uso da língua na qual todo discurso seja um texto, toda compreensão um processo de interpretação certa e acabada" (De Mauro, 1982, apud. Grize,1996, p. 49). É em sentido análogo que um elemento essencial das investigações de Gilles-Gaston Granger diz respeito ao caráter derivado, especializado, das linguagens artificiais em relação às linguagens naturais, a despeito de sua diferenciação:

> Nossa tese é que, no discurso científico, o lugar da língua natural tende a diminuir à medida que a ciência evolui, e que essa redução progressiva evidencia claramente que o único papel insubstituível que ela possui nesse discurso é de natureza ilocutória, enquanto que as funções locutórias são nele progressivamente asseguradas pelos simbolismos específicos. (Granger, 1979, p, 220)

Note-se, por outro lado, que a linguagem artificial da Lógica, por exemplo, no entender de Piaget, teria a função de fornecer para a Psicologia como ciência um conjunto de modelos formais do funcionamento psíquico seja em seus encadeamentos lógicos e, portanto, consistentes, seja nos encadeamentos inconsistentes e eventuais disfunções do pensamento. Pode-se dizer que a Lógica, ao isolar as formas subjacentes a toda e qualquer reflexão humana independentemente de seus conteúdos, necessariamente tematiza os jogos de inferência derivados desta reflexão. Toda e qualquer demonstração depende de um discurso argumentativo no sentido da Lógica Clássica, a qual vale como condição de possibilidade da demonstração de toda e qualquer Lógica, mesmo as não clássicas. Aristóteles demonstra, nesse sentido, que até mesmo a crítica sofística ao *Princípio de não contradição* se funda notadamente sobre esse mesmo Princípio. Pois, para apresentar tal tese, o sofista estará necessariamente se submetendo ao *Princípio de não contradição* que busca refutar:

> Podemos demonstrar por refutação, mesmo a este propósito, que existe impossibilidade [que o mesmo seja e não seja], desde que apenas o adversário diga alguma coisa; e se ele não diz nada, é ridículo procurar o que dizer em resposta àquele que não tem um discurso sobre nada, na medida em que deste modo ele não tem nenhum discurso; pois um homem, enquanto ele for assim, é semelhante a uma planta. [...] E *se alguém aceita significar, haverá demonstração*: a partir deste momento haverá algo determinado. Mas o responsável não é aquele que demonstra, mas aquele que faz o ataque: pois, destruindo um discurso, ele sustenta um discurso. (Aristóteles, Metafísica, 4, 1006a 11-26, Apud Cassin, 1997; itálico nosso)

Não há, sob esse ponto de vista, uma equivalência entre a Lógica Clássica e as lógicas não clássicas. Com efeito, as Lógicas não clássicas, como a Lógica Paraconsistente, dependem, para sua demonstração, de um ambiente discursivo fundamentado na Lógica Clássica. A anterioridade lógica da Lógica ao discurso é atualmente um tema de investigação em várias disciplinas. No campo da ciência política, por exemplo, especialmente na nova escola frankfurtiana representada por K. O. Appel e J. Habermas, o interesse pela precedência da Lógica ao discurso se insere na discussão da possibilidade de uma fundamentação científica da *ética da discursividade*. K. O. Appel explicita, nesse sentido, a necessidade de "operar um movimento reconstrutivo até as condições pragmático-transcendentais da possibilidade da Lógica, e também da ciência, no *a priori* da comunidade comunicacional" (Appel, apud Cassin,1997, p. 16). A retomada das teses piagetianas por Habermas ([1999], 2004) tem, portanto, uma função precisa na fundamentação da possibilidade da *ética discursiva*. Trata-se da busca de uma garantia dos princípios gerais inerentes à forma geral de todo e qualquer discurso argumentativo, independentemente de seu posicionamento político. Para Piaget, a Lógica vale, com efeito, como "uma teoria formal das leis do pensamento" (Piaget, [1949] 1972, p. 29). Como se sabe, Piaget demonstrou a presença de estruturas lógicas na inteligência pré-verbal, de onde se deduz uma anterioridade da lógica a todas ações humanas, e, portanto, a todo e qualquer discurso como tal. É nesse sentido que suas descobertas podem oferecer uma fundamentação científica para o projeto habermasiano, uma vez que constituem uma versão consistente do ponto de vista epistemológico e científico a respeito da universalidade da gênese pré-discursiva das estruturas lógicas e, portanto, da capacidade de conhecer no ser humano. Em outras palavras, a teoria e os experimentos piagetianos demonstram a anterioridade da gênese do pensamento lógico em relação à linguagem, sendo, portanto, dela uma condição necessária, ainda que não suficiente.

Tomando tal anterioridade da lógica com respeito à linguagem natural, pode-se cogitar e investigar sua presença em processos psíquicos inconscientes. Com efeito, nesse trabalho, a tese piagetiana me interessa sob tal ponto de vista. Não se trata de encontrar na Lógica uma fundamentação de todo e qualquer discurso sensato, mas, antes disso, isolar os modos pelos quais organizações lógicas do pensamento participam da psicopatologia. A psicopatologia dos processos lógicos depende de uma compreensão das estruturas lógicas na linguagem natural, o que espero ter sido fundamentado naquilo que, até aqui, apresentei da teoria piagetiana. Ao mesmo tempo, a admissão de uma precocidade do necessário no pensamento infantil, segundo penso, fornece a base de uma condição necessária para a compreensão não somente da etiologia, como também da morfologia de vários quadros psicopatológicos. De posse de tais elementos, estamos preparados para a segunda parte desse estudo, intitulada *Lógica e psicopatologia*, onde se trata de trazer à luz a determinação lógica dos processos psíquicos na psicopatologia.

Na segunda parte deste trabalho, procurarei, consequentemente, demonstrar o caráter transnosográfico das determinações lógicas do pensamento, uma vez que, segundo penso, é possível isolar diferentes facetas da incidência de sistemas lógicos no psiquismo através de quadros psicopatológicos específicos. Nesse sentido, creio que se pode renovar a compreensão dos processos inconscientes do pensamento normal e patológico.

Parte II

Lógica e psicopatologia

4.
Lógica Natural e Psicopatologia

> "Though this be madness, yet there is method in't."
> Shakespeare, Hamlet, Ato II, Cena II.

> "This is still a dangerous world. It's a world of madmen and uncertainty
> and potential mental losses."
> George W. Bush, citado no Financial Times em 14 de janeiro de 2000.

Certamente, a Lógica que interessa à psicopatologia como objeto de sua reflexão é aquela subjacente à linguagem natural e as suas eventuais disfunções. Pois, no que tange à Lógica formal e à linguagem científica, os desvios do pensamento valem seja como erros inférteis a serem descartados, seja como novidades potencialmente frutíferas capazes de redimir o desvio de sua condição marginal de origem e, nesse caso, as ciências ignoram gentilmente as eventuais insanidades de seu autor. De modo que as linguagens artificiais não absorvem em si todas as incidências da Lógica dignas do interesse científico. Na linguagem natural operam estruturas lógicas cujo exame desperta diferentes opções metodológicas. Uma grande variedade de abordagens teóricas dos processos lógicos presentes na linguagem natural são, de fato, possíveis: as investigações sobre Lógica Operatória na teoria de Jean Piaget, sobre gramática gerativa naquela de Noam Chomsky, sobre as estruturas fundamentais da linguagem a partir das afasias em Jakobson, e sobre os processos secundários e o princípio de realidade na teoria freudiana.

Para a Psicopatologia, a ideia de que a Lógica possa ter um funcionamento anômalo que venha a se constituir como causa principal ou secundária de quadros clínicos é, sem dúvida, legítima. E, contudo, esta é uma das questões mais inquietantes para a própria racionalidade. Pois, qual seria o critério para distinguir, por exemplo, um delírio paranoide da razão cotidiana, se a forma do delírio coincide com aquela de um argumento sensato? Claro está que a questão da diferença entre o raciocínio normal e o patológico é também, inevitavelmente, uma questão sobre os fundamentos da razão. Monique David-Ménard demonstra, a propósito, como a própria *Crítica da razão pura* seria grandemente tributária do esforço de Kant para distinguir as formas corretas do entendimento não somente do dogmatismo metafísico, como também dos delírios de Swedenborg, naturalista e teólogo sueco (David-Ménard, 1996). Com efeito, até então, a Razão, tomada como coerência lógica do pensamento, valia como garantia necessária e suficiente da verdade. Uma das conquistas da obra kantiana para o pensamento foi, precisamente, estabelecer a indissociabilidade da percepção e do conceito como condição do conhecimento do mundo. Sendo tal questão, portanto, delicada e central para a filosofia, é contudo intrigante que a própria metodologia da psicopatologia se fundamente sobre a análise comparativa entre os fenômenos patológicos da razão e seus eventuais correlatos na normalidade. Qual o fundamento de tal posição da Psicopatologia do ponto de vista epistemológico?

A metodologia da psicopatologia, como princípio de construção dos conceitos através de um procedimento comparativo entre o normal e o patológico, goza de certa juventude histórica. Note-se, nesse sentido, que, apesar de a compreensão "científica" da loucura existir desde a antiguidade grega, onde a melancolia e a mania seriam decorrentes de disfunções dos humores, a ideia de que a loucura talvez tenha parentescos com a normalidade é uma conquista teórica relativamente recente. Até o final do séc. XIX, a loucura resultava da ação de um agente estranho que alterava e perturbava a razão[1]. A suposição de uma continuidade entre os fenômenos normais e patológicos do psiquismo se deve a dois passos fundamentais na história das ideias, verdadeiros *fatos epistemológicos*, no sentido de Granger, isto é, fatos que revolucionam certo domínio do saber pela introdução de categorias que revelam um âmbito de objetividade inédita (Granger, 1987, p. 10).

---

[1] Para um estudo mais amplo da constituição histórica da clínica psicanalítica, remeto o leitor ao trabalho de Christian Ingo Lenz Dunker *Estrutura e constituição da clínica psicanalítica* (Dunker, 2007). Sobre a história da Psicopatologia Psiquiátrica, remeto ao livro de Francisco Assumpção Júnior, *Psiquiatria: da magia à evidência* (Assumpção Júnior, 2005).

Em primeiro lugar há uma mudança na compreensão da natureza da doença na própria medicina com os trabalhos de Claude Bernard sobre as relações de continuidade entre a fisiologia normal e a patológica. Em segundo lugar, a partir dos trabalhos de Herbert Spencer, na Inglaterra, e de Théodule Ribot, na França, que avançam a hipótese de que não somente distúrbios orgânicos, mas também representações e ideias poderiam ser um fator etiológico das doenças mentais. Tal hipótese fundamenta uma *psicologia clínica*, que pode ser então definida negativamente, pela subtração da causalidade orgânica, e positivamente, pelo isolamento da causalidade representacional das patologias mentais. Normal e patológico se aproximam e a psicopatologia se constitui como uma disciplina independente de investigação dos fenômenos psíquicos. Tal indissociabilidade metodológica implica a centralidade da noção grega de pathos como fundamento de todo conhecimento do psíquico. (cf. Berlinck, 2000). Sua metodologia orienta um procedimento *comparativo*, que parte do *princípio hipotético* de uma *continuidade* entre os fenômenos normais e patológicos. Isso justifica que Freud, por exemplo, investigue os próprios sonhos a partir dos mecanismos que havia encontrado em pacientes neuróticos e que procure esclarecer o luto normal a partir de uma reflexão sobre a melancolia. Em ambos os casos, trata-se de "adivinhar a aparente simplicidade do normal a partir das distorções e exageros do patológico" (Freud, 1914, p. 148). A investigação psicopatológica se fundamenta, nesse sentido, sobre a hipótese de um mesmo *princípio de organização*, do qual o normal e o patológico seriam diferentes expressões. A psicopatologia dos processos lógicos procede dedutivamente, a partir de análises comparativas entre as estruturas lógicas na linguagem natural e na patologia (Silva Jr., 1999 a). No presente estudo, incluí em tal análise comparativa alguns aspectos da linguagem artificial da ciência, uma vez que julgo pertinente retomar algumas semelhanças entre os processos lógicos nesta última e na psicopatologia.

A finalidade deste livro diz respeito aos modos de determinação das relações lógicas inconscientes no campo das psicopatologias. Trata-se aqui de conceder-lhe um lugar estrutural no aparelho psíquico, supondo a anterioridade de sua presença tanto em relação aos processos psíquicos normais quanto aos patológicos. Isso exige que se realize um resgate de tais relações lógicas nos modelos freudianos, a partir do qual se possa descrever as variantes de seu funcionamento em cada grupo psicopatológico. Tais variantes permitirão demonstrar o caráter transnosográfico das determinações lógicas no psiquismo, o que é apenas um correlato de seu lugar estrutural.

Para fundamentar o que denomino de *lugar estrutural* das determinações lógicas no psiquismo, recorri à Epistemologia Genética de Jean Piaget. De fato, na medida em que visa revelar as estruturas fundamentais do psiquismo enquanto sujeito do conhecimento a partir de sua gênese, a teoria de Piaget interessa diretamente à psicopatologia das formas lógicas. Conforme procurei demonstrar, um momento fundamental da obra de Jean Piaget foi a assunção de uma cooriginariedade da atribuição de necessidade, ao lado das classificações e seriações, sob a forma da *implicação significante*. A categoria do necessário deixa assim de ser pensada como decorrente de *equilibrações majorantes* e passa a ser considerada como uma forma originária do pensamento. Isso significa assumir a possibilidade de uma precocidade inédita do pensamento causal na criança. Tal precocidade do pensamento causal pode, a meu ver, valer como um forte argumento para considerarmos as organizações lógicas do tipo "se... então" como subjacentes às primeiras associações psíquicas, donde seu caráter estrutural.

Tal resgate das relações lógicas no psiquismo depende, contudo, da elaboração prévia de dois posicionamentos teóricos e da demonstração de sua compatibilidade com a metapsicologia freudiana. Gostaria de me posicionar claramente sobre: 1. a independência entre as estruturas lógicas e as estruturas semânticas da linguagem; 2. a independência das organizações lógicas frente aos processos conscientes.

Um primeiro aspecto importante para a clareza deste estudo diz respeito à relativa independência entre as determinações lógicas e as determinações semânticas nos processos psíquicos. Conforme disse na *Introdução*, a tradição psicanalítica tende a considerar a sobredeterminação exclusivamente sob o ponto de vista semântico, negligenciando as determinações lógicas. Ora, a independência estrutural entre os dois tipos de determinação psíquica pode ser suficientemente considerada a partir de distúrbios da linguagem com origem orgânica. Roman Jakobson, em um trabalho seminal entre a linguística e a psicopatologia, demonstrou a existência de dois tipos de afasia diferenciáveis, respectivamente, pela disfunção semântica ou sintática do discurso.

A segunda questão, aquela da independência dos processos lógicos do pensamento frente aos processos conscientes, será elaborada no interior do ponto de vista da teoria psicanalítica. Em um primeiro momento, as primeiras elaborações metapsicológicas freudianas apresentam a organização lógica como a principal forma de organização das ideias patógenas no psiquismo, tomando como evidente a existência de uma reflexão Lógica inconsciente, a qual é amplamente responsável pela morfologia dos sintomas histéricos. Ao longo de sua obra, as hipóteses de Freud irão se dirigir para a questão da gênese pulsional da função linguística da negação. Trata-se então de compreender de que modo a racionalidade pode se colocar à mercê da dinâmica pulsional, tornando-se um meio de expressão dos processos inconscientes.

A natureza da participação do pensamento lógico na patologia será elaborada primeiramente a partir do campo da nosologia psiquiátrica e, em seguida, a partir da clínica psicanalítica. No campo da nosologia psiquiátrica, a discussão do papel etiológico do pensamento formal segundo a literatura se estabelece a partir da noção de "folie raisonnante". Veremos que algumas hipóteses deste campo indicam não tanto uma eventual peculiaridade nas regras lógicas, como a excessiva formalização do pensamento enquanto um fator semiológico importante das "psicopatologias lógicas". Tal conclusão me interessa na medida em que ela encontra uma correspondência na interpretação freudiana da esquizofrenia, presente no texto *O inconsciente* (Freud, 1915), onde se pode eventualmente reencontrar um funcionamento análogo àquele de uma semântica formal em linguagem natural. A recorrente aproximação feita por Freud entre o pensamento filosófico e o pensamento esquizofrênico pode ser fundamentada, a meu ver, na analogia funcional do formalismo semântico em ambos.

Entretanto, afirmar a originariedade e a relativa independência das determinações lógicas no psiquismo não basta para contribuir para a compreensão da etiologia e da morfologia de certas formas psicopatológicas. Assim, na última parte deste trabalho, procurarei analisar a incidência específica de tais determinações partindo de um quadro clínico para, a partir deles, considerar a natureza da participação das estruturas lógicas na psicopatologia. Para tanto, farei uma releitura de um artigo de André Green sobre um caso *borderline* a partir da contribuição da Lógica Operatória de Jean Piaget para a psicopatologia. Ainda nessa segunda parte, apresentarei a hipótese de Zélia Ramozzi-Chiarottino, sobre o papel da *implicação significante* nos quadros *borderline*, segundo a qual dois fatores etiológicos são necessários para a formação desta psicopatologia. Primeiramente, a admissão de uma eventual precocidade da gênese da representação em alguns indivíduos, ou, mais especificamente, das *imagens mentais,* e sua relação com a formalização do discurso *borderline*. Em segundo lugar, o papel das implicações lógicas em um tipo de estruturação das fantasias inconscientes impermeável a novas experiências.

A independência entre a sintaxe e a semântica a partir de dois tipos de afasia

O estabelecimento de uma relação estreita da linguística com a psicopatologia foi possível graças a Roman Jakobson. A partir de um posicionamento metodológico a um só tempo preciso e frutífero, Jakobson, por um lado, aplicou instrumentos e métodos da linguística estrutural ao estudo das deteriorações do discurso, por outro, enriqueceu as teorias da linguagem a partir daquilo que tais deteriorações isolavam da estrutura da linguagem. Para Jakobson, "a comparação entre a linguagem infantil e a afasia nos permite estabelecer diversas leis de implicação. A pesquisa sobre a ordem das perdas e sobre as leis gerais de implicação [...] deve estender-se também ao sistema gramatical". (Jakobson, 1985, p. 36-37). Com efeito, no campo da linguagem, a patologia pode revelar a organização interna das estruturas subjacentes à normalidade, uma vez que as regularidades na deterioração do discurso espelham, em ordem inversa, aquelas das aquisições da fala feitas pela criança.

Mais especificamente, a partir da análise linguística de dois tipos de afasia, a saber, *a afasia de similaridade, e a afasia de contiguidade*, Jakobson demonstrou que duas estruturas constitutivas da linguagem, a metáfora e a metonímia, se fundam sobre estruturas orgânicas relativamente independentes. Na *afasia da similaridade*, o doente perde em maior ou menor grau sua capacidade de fazer uma *seleção*, e, portanto, uma *substituição* entre unidades linguísticas similares, como por exemplo, fornecer sinônimos de um termo: *boné, chapéu*. Note-se que ele perde também os termos correspondentes em outras línguas, *chapeau. capello, hat, hut*, ou seja, tais sujeitos perdem a possibilidade de considerar diferentes elementos da linguagem como semanticamente equivalentes. Trata-se, portanto, de distúrbios da *função semântica*.

Na *afasia de contiguidade*, os sujeitos apresentam dificuldades na *combinação* das unidades, falhando, por exemplo, em organizar gramaticalmente as palavras no interior da fase, ou em associar uma palavra a outras de seu contexto usual (garfo e faca, por exemplo), o que localiza tais perturbações como distúrbios da *função sintática* da linguagem assim como, em outro nível, distúrbios da função Lógica do pensamento.

Tais perturbações podem ocorrer de modo independente, de modo que cada um dos tipos de afasia pode preservar a capacidade perdida pelo outro. Doentes do primeiro tipo tendem a generalizar e a descrever funcionalmente as palavras que lhes faltam: ao invés de "apartamentos para solteiros", ele dirá "apartamentos para pessoas não casadas". A dificuldade de encontrar sinônimos se estende muitas vezes a ponto de impedir o bilinguismo e, num sentido mais amplo, qualquer pensamento metalinguístico. De fato, na impossibilidade de lidar com equivalências e semelhanças, um código jamais poderá ser vertido em outro.

No segundo tipo, nos *distúrbios de continuidade* como a estrutura afetada é a "forma com as quais os signos se relacionam entre si", isto é, a própria organização sintática, o sentido da comunicação é muito mais afetado. Nota-se aqui uma "deterioração da capacidade de construir proposições ou, em termos mais gerais, de combinar entidades linguísticas mais simples em unidades mais complexas". (Ibid, 50). Tais pacientes, também chamados de *agramaticais*, "falam", ou melhor, proferem uma espécie de amontoado de palavras, já que a ordem das palavras tende ao caos. "Nesse tipo de afasia, deficiente quanto ao contexto, [...] a extensão e a variedade das frases diminuem. [...] os vínculos de coordenação gramatical, quer de concordância, quer de regência, dissolvem-se" (Ibid. 51). Nesta afasia, as palavras com função sintática, como as preposições, e também os sufixos declinativos, são igualmente perdidos. Se, nesse caso, a fala se empobrece como um edifício que rui pela quebra de suas estruturas, na *afasia de similaridade*, a imagem seria antes a de um edifício que perde tetos e paredes, conservando um esqueleto de vigas e espaços sem características que marquem sua serventia.

Jakobson relaciona as estruturas afetadas a dois *tropos* da retórica: a metáfora e a metonímia: na *afasia de similaridade*, é a capacidade metafórica que é afetada, enquanto que na *afasia de continuidade* se trata de uma deficiência das relações metonímicas. Isso faz com que os doentes de cada um dos grupos se apoiem fundamentalmente nas estruturas da linguagem neles preservada. Assim o doente do grupo da *afasia de similaridade*, privado da capacidade de estabelecer relações metafóricas, apoiará seu discurso sobre as relações lógicas, contextuais, e, portanto, metonímicas. Já o doente do grupo da *afasia de continuidade*, privado da capacidade de estabelecer relações metonímicas, construirá seu discurso sobre um monopólio da metáfora, ainda que segundo um tipo particularmente empobrecido desta:

> "O doente limitado ao grupo de substituição (quando o contexto é falho) [isto é, aquele afetado pela dificuldade no estabelecimento de relações lógicas, a *afasia de continuidade*], usa as similitudes e suas identificações aproximadas são de natureza metafórica, em oposição às identificações metonímicas familiares aos afásicos do tipo oposto. *Óculo de alcance* por *microscópio, fogo* em vez de *luz de gás* são exemplos típicos de semelhantes expressões quase metafóricas, como as batizou Jackson [Hughlings Jackson], uma vez que, em oposição às metáforas retóricas ou poéticas, elas não apresentam nenhuma transferência deliberada de sentido." (Ibid., p. 52)

As afecções orgânicas separam espontaneamente duas estruturas linguísticas independentes. Nesse sentido, a patologia isola, como num laboratório natural, duas estruturas independentes, isoladas pelos estudos da linguagem. Apesar de presentes, tais estruturas são dificilmente distinguíveis uma da outra no comportamento verbal normal. Na linguagem natural "ambos os processos estão constantemente em ação, mas uma observação atenta mostra que, sob a influência dos modelos culturais, da personalidade e do estilo verbal, ora um, ora outro processo goza de preferência". (Ibid., p. 56) É nesse sentido que Jakobson antecipa possibilidades de intercâmbio da Linguística com a Psicanálise:

> A competição entre os dois procedimentos, metonímico e metafórico, se torna manifesta em todo processo simbólico, quer seja subjetivo, quer seja social. Eis por que numa investigação da estrutura dos sonhos, a questão decisiva é saber se os símbolos e as sequências temporais usadas se baseiam na contiguidade ("transferência" metonímica e "condensação" sinedótica de Freud) ou na similaridade ("identificação" e "simbolismo" freudiano). (Ibid., p. 61)

Ao indicar essa "questão decisiva" como um campo de grande interesse para a Psicanálise, Jakobson critica a Linguística por ter dedicado seus estudos quase que exclusivamente ao objeto metafórico, negligenciando as investigações sobre a metonímia. Segundo Jakobson, isso se deveria ao fato de que, "quando o pesquisador constrói uma metalinguagem para interpretar o *tropos*, possui ele meios mais homogêneos para manejar a metáfora, ao passo que a metonímia, baseada num princípio diferente, desafia facilmente a interpretação". (Ibid., p. 61).

Estaria Jakobson aqui se referindo ao fato que, quando se trata de estudar as relações lógicas presentes nas ações e verbalizações dos sujeitos, faz-se necessário o uso de modelos radicalmente formais, sem o que, os modelos, seus exemplos e seus referentes inevitavelmente se confundem? Talvez. O fato é que, para Jakobson, a restrição da Linguística ao campo da semântica seria, de certo modo, análoga a uma das formas de afasia, onde se retira de um só golpe uma das estruturas constitutivas da linguagem. Em suas palavras: "a estrutura bipolar da linguagem efetiva foi substituída artificialmente, por um esquema unipolar amputado, que, de maneira bem evidente, coincide com uma das formas de afasia, mais precisamente, o distúrbio de continuidade". (Ibid., p. 62)

Ora, tal como veremos a seguir, desde seus primeiros escritos psicanalíticos, Freud já havia se dedicado à "questão decisiva" apontada por Jakobson e que é possível demonstrar a presença de uma preocupação constante, em sua obra, em realizar uma nítida separação entre as determinações semânticas e as determinações sintáticas ou lógicas na constituição dos sintomas. Apesar disso, a reflexão psicanalítica parece ter sucumbido à mesma dificuldade das pesquisas em linguística ao construir sua teoria da linguagem sob uma espécie de monopólio da semântica, silenciando longamente a respeito das relações sintáticas dos processos psíquicos.

A Lógica no sintoma neurótico e sua independência da consciência

> *Freud mostrou que a psique é inexoravelmente lógica, porém que a lógica não é razão. (Hermann, s.d., apud. Schaffa, 2006)*

Em *Estudos sobre a histeria* (Freud, 1895 a), um dos seus primeiros trabalhos psicanalíticos, Freud aborda diretamente a questão da organização lógica nos processos psíquicos inconscientes. Inteligência, racionalidade e lógica não são qualidades exclusivas da consciência, uma vez que a própria natureza da nova concepção freudiana do papel das ideias inconscientes na etiologia da histeria implica uma inteligência independente da consciência. "O material psíquico patógeno, diz Freud, aparece como propriedade de uma inteligência a qual não necessariamente fica aquém daquela do Eu normal." (Freud, 1895 a, p. 291). A Lógica aparece como um elemento estruturante da própria psicopatologia histérica, ao lado de uma organização cronológica e de uma organização temática das ideias patógenas:

> Esta ordenação [lógica] possui um caráter dinâmico, em oposição ao caráter morfológico de ambas estratificações acima citadas [cronológica e temática]. Enquanto estas poderiam ser apresentadas em um esquema espacial através de linhas fixas, curvas e retas, seria preciso seguir os passos do encadeamento lógico com uma vareta, a qual avançaria e voltaria das estratificações superficiais até as profundas pelos caminhos mais entrelaçados, ainda que, no geral, o fizesse da periferia em direção ao núcleo central tocando todas as estações, semelhantemente, portanto, ao ziguezague da realização de uma prova de saltos de equitação ao longo dos desenhos marcados no campo. (Ibid. p. 293)

A *organização lógica* do sintoma possui, portanto, um caráter dinâmico, quando comparada ao caráter estático das *organizações cronológica* e *temática*: para compreendê-la, não basta representá-la com uma figura espacial, por mais complexa que esta seja, *é preciso ainda que se siga um percurso específico* nesta figura. Este *percurso específico* é, segundo Freud, sempre marcado por uma grande complexidade: ele articula pontos de inflexão distintos, representações e traços mnêmicos sem relação temática direta entre si ou qualquer proximidade temporal. O *percurso específico* estabelecido pela ordenação lógica, ao articular representações e traços de memória, equivale a uma "interpretação inconsciente" dos mesmos. Esta "interpretação inconsciente" constrói, desse modo, um sentido próprio, singular, para tais representações, sentido este que não coincide necessariamente com a realidade dos acontecimentos, mas que determina amplamente a formação dos sintomas neuróticos. No deciframento desta "interpretação inconsciente" residiria, segundo Freud, uma das chaves da solução psicanalítica dos sintomas neuróticos.

A própria noção de *sobredeterminação* do sintoma surge no texto freudiano como resultado de relações lógicas. Freud especifica, nesse sentido, que não devemos contar com a existência de apenas um núcleo de ideias patógenas, pois dois ou mais núcleos podem estar presentes e estabelecer conexões entre si. Isto significa que as relações lógicas não se limitam a apenas uma linhagem de ideias patógenas, mas se estabelecem entre várias linhagens, criando verdadeiras *redes de conexões lógicas*:

> A articulação lógica corresponde não somente a uma linha quebrada em ziguezague, mas muito mais a uma com ramificações, e especialmente a um sistema de linhas convergentes. Este possui pontos de nós nos quais dois ou mais fios se encontram, para dali partirem unidos, e, no núcleo, desembocam em regra vários fios que correm independentes uns dos outros, ou ligados por atalhos aqui e ali. Em outras palavras, é notável o quão frequentemente um sintoma é determinado de muitas maneiras, [isto é] sobredeterminado. (Ibid. p. 294)

Claro está que um sintoma é sobredeterminado quando ele se encontra no cruzamento de várias linhas de raciocínio, ainda que contraditórias. De fato, as relações lógicas que organizam o sintoma se estabelecem independentemente de sua organização cronológica e temática. Assim, os raciocínios do inconsciente pareceriam extremamente bizarros se fossem usados como um argumento lógico para convencer alguém. Entretanto, e tal como já vimos anteriormente, (no item *A implicação significante no conhecimento científico e na linguagem*) também na Lógica Formal as relações do tipo *se p, então q*, onde, *p* e *q* se referem a elementos que não necessariamente se relacionam cronológica e tematicamente. Disto resulta que, segundo a relação lógica estabelecida no pensamento inconsciente, elementos díspares podem ser tomados como elementos de raciocínios formalmente corretos ainda que sem qualquer relação com a realidade. Com efeito, segundo Freud,

> Pode-se fazer as mesmas exigências de encadeamento lógico e de suficiente motivação a uma cadeia de pensamento em um histérico que se faria a um indivíduo normal. Um relaxamento nestas relações não está no âmbito de poder da neurose. (Ibid. p. 298)

Os encadeamentos lógicos na constituição e estrutura do sintoma neurótico não são os únicos elementos que permitem Freud afirmar a independência entre o pensamento lógico e a consciência. Tal independência será constatada em raciocínios extremamente complexos subjacentes aos sonhos, atos falhos, esquecimento de nomes próprios e outros fenômenos da psicopatologia cotidiana.

A *função de uma metapsicologia da razão na obra freudiana*

Ao examinar as relações entre lógica e inconsciente ao longo da obra freudiana, podemos constatar que não é a presença de pensamentos lógicos no inconsciente que se trata de explicar, mas o surgimento da razão como tal, isto é, a eficácia cognitiva dos raciocínios lógicos em relação à realidade. Essa mudança de foco pode ser atribuída a uma revolução teórica particular, a saber, a substituição parcial da teoria traumática pelo conceito de pulsão na etiologia da neurose. Com efeito, uma vez que o desequilíbrio da economia intrapsíquica deixa de ser causado por experiências traumáticas acidentais e passa a ser pensado como uma característica inerente à própria exposição do psiquismo aos estímulos e tensões provenientes do corpo, a questão da gênese do pensamento racional se impõe de modo necessário. Pois, se os movimentos psíquicos são essencialmente pensados a partir da tendência ao prazer, trata-se de compreender como o sujeito pode sacrificar a busca do prazer imediato para vir a adequar-se à indiferença da realidade e suas exigências[2].

Assim, Freud, ainda que se interessasse pela investigação dos processos inconscientes, notoriamente distantes da realidade, viu-se compelido a criar modelos sobre a construção do real neste psiquismo, em princípio, tão avesso à realidade (princípio de realidade, processo secundário e egorrealidade). Após longamente trabalhar sobre o assunto, Freud conclui que a separação entre os processos intelectuais e afetivos na linguagem é uma condição de possibilidade do *juízo*, tal como a filosofia o compreende, isto é, a faculdade que nos permite distinguir se um objeto existe ou não (juízo de existência) e

---

[2] Cf. para um exame aprofundado dessa questão em suas relações com a clínica, o trabalho de Nelson Coelho Junior, *A força da realidade na clínica freudiana* (Coelho Junior, 2001).

se possui ou não as qualidades que lhe atribuímos (juízo de qualidade).

De fato, naquele que seria o seu trabalho mais importante sobre a questão do juízo, o célebre texto de 1925, *A negação* (*Die Verneinung*), Freud apresenta sua hipótese metapsicológica sobre a gênese do juízo como resultante de uma operação sobre o registro pulsional, operação esta análoga ao recalcamento. Tal operação é denominada 'negação' (*Verneinung*), pois sua dinâmica pode ser observada de modo privilegiado nas sentenças negativas proferidas pelos analisandos. Mas esta relação entre a sentença negativa e uma operação psíquica supostamente necessária para a entrada da realidade no psiquismo será apenas a última versão de uma longa maturação teórica. Nas primeiras formulações de Freud a respeito, encontramos um modelo simetricamente inverso a esta formulação final: no início, era o recalque que era concebido segundo o modelo do juízo negativo, sendo que este último era ainda tomado enquanto uma espécie de evidência que carecia de explicações. Entre tal posição inicial, onde o juízo de negação é um modelo do recalcamento, até o momento que o recalcamento se transforma num modelo explicativo do juízo de negação, alguns pontos de inflexão se fazem notar:

Em 1905, em *O chiste e suas relações com o inconsciente*, Freud ainda parte da evidência do juízo de negação para melhor ilustrar o enigma do recalque, o que pode ser considerado como uma utilização descritiva do juízo. Ao comentar a representação pelo contrário no chiste e no sonho, Freud afirma seu pouco entendimento deste processo, "que parece indicar um importante caráter do pensamento inconsciente, o qual deriva, contudo, muito provavelmente de um processo que pode ser comparado a um "juízo". No lugar de um "repúdio por juízo" se encontra, no inconsciente, um "recalcamento". O recalcamento pode muito corretamente ser descrito como o grau intermediário entre o reflexo de defesa e o juízo negativo". Mas, em nota, Freud acrescenta que o "comportamento extremamente notável e ainda insuficientemente conhecido da relação dos contrários no inconsciente não é sem valor para a compreensão do 'negativismo' nos neuróticos e nos doentes mentais" (Freud, 1905, p. 199), demonstrando que, para ele, a polaridade característica de uma "lógica bivalente" se estendia aos processos inconscientes e, portanto, à psicopatologia.

Já em 1911, nos *Dois princípios do funcionamento psíquico*, a utilização descritiva dá lugar a uma utilização mais complexa, que insere o juízo em uma região que se oferece a ser conceitualmente questionada: "No lugar do recalque, que excluía do investimento uma parte das representações que surgiam, na medida em que elas provocavam o desprazer, aparece o *ato do juízo* imparcial, que deve decidir se uma determinada representação é verdadeira ou falsa, isto é, se ela é consoante com a realidade, e ele decide isso pela comparação com os traços mnêmicos da realidade" (Freud, 1911, p. 233). Antecipando a função teórica do futuro conceito de *negação*, o *ato do juízo* é aqui afirmado como um processo diferente daquele do recalcamento, que, ao invés de desinvestir suas representações, as compara com traços mnêmicos da realidade.

Em 1915, em *O inconsciente*, as relações entre negação e recalque serão o objeto de uma clara hipótese sobre o estabelecimento do juízo de realidade: "Não há, neste sistema [no Inconsciente], negação, dúvida ou graus de certeza. Tudo isso só entrará em vigor através do trabalho de censura entre o Ics e o Pcs. *A negação é um substituto do recalque em um nível superior.* No Ics há apenas conteúdos mais ou menos investidos" (Freud, 1915 b, p. 285, itálicos meus). Aqui a negação, ou *ato do juízo*, começa a ser pensado a partir de um *trabalho de censura*, o que implica a necessidade de uma distinção teórica entre tal *trabalho de censura "de nível superior"* e o recalcamento.

É apenas em 1925, em *A negação*, que a teorização freudiana eleva a "negação"[3] ao estatuto de um conceito equivalente ao recalcamento, mas de natureza diferente deste último:

> Um conteúdo de representação ou de pensamento recalcado pode portanto penetrar até a consciência sob a condição de se fazer negar. A negação é uma maneira de tomar conhecimento do recalcado, na verdade, já uma supressão/conservação (*Aufhebung*) do recalcamento, mas certamente ainda não uma admissão do recalcado. Vê-se assim como a função intelectual se separa aqui do processo afetivo. Com

---
[3] O estatuto metapsicológico do termo será doravante assinalado através das aspas: "negação".

> a ajuda da negação, é apenas uma das consequências do processo de recalcamento que é abolida, a saber que o seu conteúdo representativo não venha à consciência. Disto resulta uma espécie de admissão intelectual do recalcado, enquanto que persiste aquilo que é essencial no recalcamento. (Freud, 1925, p. 12)

A hipótese freudiana, essencialmente interessada nos estados psicopatológicos, privilegia assim o jogo de forças pulsional como fator determinante das disfunções do juízo de negação, e, portanto, das relações com o real. Entretanto, no caso da "negação", tal jogo de forças pulsional só se realiza por intermédio de uma enigmática eficácia da estrutura lógica da linguagem, presente no "símbolo do não". Monique David-Ménard chama a atenção explicitamente para tal articulação do pulsional ao simbólico:

> [Freud] questionando-se sobre a relação do pensamento conceitual com a vida pulsional, faz da negação gramatical e lógica uma função de compromisso no conflito dos registros consciente e inconsciente do pensamento: a negação é um levantamento intelectual do recalcado que mantém o recalcamento, ou antes, o instaura de um modo particular, o da explicitação e do conhecimento dos conflitos que se deseja manter à distância. (David-Ménard, 1996, p. 13)

Note-se que a diferença da "negação" em relação ao recalque é aquela de permitir o acesso dos conteúdos à consciência, desde que seu sentido seja negado verbalmente. A "negação" define-se assim como um trabalho de censura interior à linguagem verbal, cuja eficácia depende do estabelecimento desta última. Uma declaração negativa pode "liberar" um conteúdo à consciência, ainda que pague o preço de inverter seu sentido. Não seria certamente muito ousado traduzir tal negociação entre o conteúdo e a forma do que pode ser tornado consciente enquanto uma operação que se passa exclusivamente entre os aspectos semânticos e sintáticos do discurso. O aspecto semântico de um pensamento inconsciente, isto é, seu conteúdo, pode ser oferecido à consciência, desde que sua sintaxe seja velada, isto é, desde que o sentido de suas relações lógicas seja negado. A "negação" parece assim se estabelecer enquanto um trabalho de censura especificamente incidente sobre as relações lógicas. Veremos, a seguir, que o trabalho da "negação" não é o único de sua espécie, e que a *posição fóbica central* descrita por Green incide, segundo penso, de modo igualmente específico sobre as relações lógicas.

Notemos, por enquanto, que a "negação" significa conceder à negação sintática como tal, e, portanto, à estrutura lógica do discurso, a possibilidade de um funcionamento essencialmente equivalente àquele do recalque. Pois, se de um lado, a negação levanta o recalque e permite o acesso de conteúdos indesejáveis à consciência, por outro, ela o faz de modo parcial, uma vez que esse conteúdo só pode ser considerado como tal sob a forma de uma nova alienação do sujeito sob a forma de uma "racionalização": "O senhor deve estar pensando que se trata de minha mãe no sonho, mas *não*...".

O enunciador da negação, em geral, não apenas localiza em seu interlocutor a autoria do pensamento com o conteúdo indesejável como também desaparece como responsável por seu enunciado. Assim o acolhimento do conteúdo indesejável ocorre apenas sob o tributo de um novo afastamento específico, a saber, a eliminação de qualquer relação entre o enunciador e o conteúdo em questão. É talvez através do anonimato promovido pelo enunciado lógico que a pressão pulsional mais claramente se articula com o discurso e que se deixa por ele afetar.

De fato, essa articulação, ainda que seja operante apenas no registro do discurso verbal, a "negação" depende de processos psíquicos anteriores à linguagem e, portanto, a qualquer possibilidade desta última de influir sobre o registro pulsional. Neste texto, Freud apresenta, com efeito, uma verdadeira genealogia pulsional do juízo de negação. Primeiramente, tal genealogia localiza no ego prazer, um estágio que poderíamos chamar, na terminologia piagetiana, de "sensório-motor", onde as operações lógicas do sujeito são ainda inseparáveis de suas ações sensório-motoras. O *ego prazer* é identificado por Freud pelo ato de *expulsar para fora de si* o que é considerado como nocivo. Mas, no final do texto freudiano, a exploração arqueológica alcança até mesmo o fator puramente biológico das pulsões de vida e de morte:

> O estudo do juízo nos dá acesso, talvez pela primeira vez, à compreensão do surgimento de uma função intelectual a partir do jogo de forças pulsionais primárias. O julgar é o desenvolvimento ulterior, apropriado a um fim, da inclusão no Ego ou da expulsão do Ego que originalmente se produziam segundo o princípio do prazer. Sua polaridade parece corresponder à relação de oposição dos dois grupos de pulsões que admitimos. A afirmação, enquanto substituto da unificação, pertence a Eros, a negação, sucessor da expulsão, pertence à pulsão de destruição [...] A operação da função do juízo só se torna possível com a criação do símbolo de negação, que permitiu ao pensamento um primeiro grau de independência em relação ao sucesso do recalcamento, e, através disso, em relação à coerção do princípio de prazer. (Ibid., p. 15)

Isso demonstra que, para Freud, através do conceito de pulsão, uma função lógica como a que se expressa numa declaração negativa deve ser pensada em múltiplas formas de continuidade com o registro biológico: seja ele o do funcionamento corporal, seja ele o do orgânico. Assim a gama de articulações e influências mútuas possíveis entre a linguagem e o registro pulsional se amplia sensivelmente, o que complexifica bastante a construção de uma psicossomática psicanalítica (cf. Fernandes, 2003, Volich, 2000)

A comparação do acolhimento do recalcado permitido pela "negação" com aquele das premissas em Lógica matemática exige ainda nossa atenção para um outro elemento, aquele da formalização como fator etiológico em psicopatologia.

A Lógica na desrazão segundo a psicopatologia psiquiátrica

De um modo geral, a psicopatologia da razão, ou, psicopatologia cognitiva, não tem se caracterizado na Psiquiatria por uma abordagem etiológica dos fenômenos que estuda. Trata-se, antes disso, de "estabelecer uma semiologia dos modos de funcionamento mental, e, particularmente, de uma de suas formas mais complexas: o raciocínio, para colocá-la em correspondência com as grandes síndromes psiquiátricas". (De Bonis, 1992, p. 181). Assim, o fator causal tem sido investigado pela abordagem psicanalítica, principalmente, que atribui causalidade a objetos conceituais como as pulsões ou fantasias inconscientes, enquanto a psicopatologia cognitiva concentra-se preferencialmente na investigação das regras lógicas do pensamento anormal. Se as paixões agem patogenicamente no psiquismo, elas incidem e modificam formas do raciocínio que merecem ser estudadas. Daniel Widlöcher afirma, nesse sentido, que tal "oposição entre patologia lógica e patologia das pulsões deve ser contemplada como uma simples necessidade dialética, que nos permite esperar um novo ganho de interesse pela psicopatologia formal do pensamento". (Widlöcher, 1992, p. 252)

Do ponto de vista histórico, os estudos sobre a questão da Lógica na loucura foram indelevelmente marcados por dois psiquiatras franceses, Sérieux e Capgras, com o instigante título *Les folies raisonnantes. Le délire d'interprétation*, publicado em 1909. Nesse livro, os dois grandes psiquiatras isolaram e descreveram uma série de quadros caracterizados por "duas ordens de fenômenos aparentemente contraditórias: de um lado, distúrbios delirantes manifestos, e, de outro, uma conservação surpreendente da atividade mental" (Sérieux, Capgras, 1982, *apud*. De Bonis, 1992, p. 186). Tais quadros seriam caracterizados ainda por uma diminuta presença de alucinações, assim como pelo caráter crônico da evolução, sem deterioração da inteligência, contudo. Demonstrando uma fineza ímpar em suas observações semiológicas, Sérieux e Capgras, examinam vários delírios de interpretação ao lado de textos literários de Strindberg e de Rousseau, por exemplo, separando-os em variedades clínicas diversas. Nesse trabalho seminal, os autores comparam diversas formas psicopatológicas, como a melancolia, a hipocondria, a paranoia e o *delírio de negações* (eles eram contra a admissão de tal delírio constituísse uma entidade psicopatológica, donde a recusa da denominação *Síndrome de Cotard*) a partir da suposição de um denominador comum entre as mesmas, a saber, *a conservação da atividade mental*. Este último elemento, *a conservação da atividade mental*, estava no centro de uma vívida discussão entre a psicopatologia alemã e a psicopatologia francesa em torno da legitimidade em se considerar a paranoia enquanto uma entidade autônoma ou enquanto mera consequência de transtornos afetivos primários. A escola germânica, encabeçada por Kraepelin, defendia inicialmente a inclusão da paranoia no grupo das *demências precoces*. Após a publicação das *Folies raisonnantes*, Kraepelin, a última edição de seu *Tratado de psiquiatria*, endossa as teses de Sérieux e Capgras, "utilizando-as para dar a forma definitiva de sua separação entre os delírios primários e sistematizados (paranoia) e as formas paranoides da demência precoce" (Pereira, 2007, p. 337). Entretanto, o litígio em torno da preservação ou não da inteligência nas *loucuras raciocinantes* não se encerra com a adesão da psicopatologia germânica às teses gaulesas. Quase um século depois de tal discussão, em 1985, outro psiquiatra francês, Georges Lantéri-Laura, descreve tais quadros sob uma ótica ligeiramente diferente: trata-se de "distúrbios mentais sem fenômeno alucinatório, sem déficit intelectual, com um excesso de funcionamento de uma razão desviante que produz representações coerentes podendo formar relatos plausíveis" (Lantéri-Laura, Del Pistoia, Bel Habib, 1985, p. 238).

Note-se aqui a sutil passagem da expressão de Sérieux e Capgras, a saber, a "conservação surpreendente da atividade mental", para aquela de um "excesso do funcionamento de uma razão desviante". De fato, a abordagem das *folies raisonnantes* tem se dividido *grosso modo* nestas duas posições. De um lado, a posição que considera como intactos os processos de inferência, e, portanto, a Lógica que os fundamenta, apesar da evidente perturbação do juízo. De outro lado, a posição que considera haver, nas *folies raisonnantes*, desvios dos processos de inferência lógica, ainda que eventualmente limitados aos distúrbios do juízo, o que exige, naturalmente, o desenvolvimento de uma semiologia bastante precisa das determinações lógicas nos distúrbios da cognição.

É nessa segunda posição que se insere o jovem Lacan, ainda psiquiatra, quando afirmava um funcionamento *pré-lógico* no delírio, perceptível na repetição do papel do perseguidor em vários atores:

> No delírio, o caráter duplo, triplo e múltiplo do emprego que os perseguidores representam em seu papel de simbolizar um protótipo real [...] podemos aí encontrar a indicação de um princípio de identificação repetitiva, que é um modo de organização pré-lógica de âmbito muito geral nos delírios das psicoses. (Lacan, 1932, p. 296)

A retomada do interesse por investigações neste gênero de pesquisa no século XX data dos anos setenta. A retomada se deu a partir de estudos do tratamento de silogismos por pacientes esquizofrênicos, estudo marcado pela ênfase metodológica do meio anglo-saxão, em oposição à ênfase fenomenológica e hipotético-dedutiva europeia (Chapman & Chapman, 1973, Mahler, 1974). A expectativa de que certos distúrbios do pensamento dedutivo pudessem se comprovar como traços patognomônicos do pensamento esquizofrênico não se confirmou, contudo, quando as pesquisas foram feitas sobre situações linguísticas espontâneas (Marengo, Harrow, Laning-Keltering, Wilson, 1986).

Mais recentemente, um outro tipo de estudo foi realizado por Monique de Bonis (1992) segundo um reposicionamento teórico mais condizente com uma *metodologia psicopatológica* dos distúrbios da razão. A autora retoma, em sua análise, o mesmo texto de Rousseau examinado por Sérieux e Capgras. Mas, ao invés de comparar a forma dos argumentos do delírio com aquela dos silogismos, como o fizeram os estudos dos anos 70, ela o faz com as formas argumentativas presentes na linguagem natural, segundo a abordagem essencialmente psicopatológica. Para avaliar a precisão lógica do "delírio de interpretação de Rousseau" o polo de comparação é aquele fornecido pela *Lógica natural*.

Tal como tem sido desenvolvida por Jean-Blaise Grize, a *Lógica Natural* estuda as estruturas lógicas nos discursos em sua função de argumentação. Entende por isso a "Lógica que dirige com suavidade as cogitações cotidianas, aquela que podemos chamar de natural, no mesmo sentido que um língua pode sê-lo" (Grize, 1992, p 227). Uma primeira delimitação da *Lógica natural*, segundo Jean-Blaise Grize, pode ser feita a partir de sua oposição à Lógica matemática, ou formal.

Grize observa, em primeiro lugar, que Lógica Formal depende de uma dupla abstração de princípio: de um lado, a abstração dos sujeitos que pensam, de outro, a abstração das significações que atribuem aos termos que utilizam. No início de cada sentença, a realidade concreta assim como o aspecto pragmático da linguagem estão, *a priori,* excluídos da Lógica Formal, e as decisões semânticas totalmente estabelecidas:

> Procedendo por axiomas e definições, ela não se preocupa com analisar os procedimentos do pensamento que conduziram a estes axiomas e a estas definições, e é mesmo impressionante constatar que as exposições de natureza lógico-matemática se iniciam tal como se costuma dizer que o bom Deus Pai o fez, isto é, pronunciando: *seja* tal e tal conjunto, e, mais particularmente, *seja* tal conjunto de objetos. (Ibid. 227-8)

A *Lógica Natural,* por sua vez, aborda discursos essencialmente "situados" do ponto de vista histórico, onde a identidade social, psicológica e as intenções dos interlocutores não podem ser isoladas dos discursos. Diferentemente da Lógica Formal, a Lógica Natural inclui e investiga o fato de o desenvolvimento dos argumentos estar submetido à conclusão à qual devem conduzir.

Quanto às significações de seus termos, os interlocutores as redefinem geralmente *em curso,* isto é, à medida que desenvolvem seus argumentos; de onde se conclui que a Lógica Natural toma como legítima certa primazia da ordem pragmática no discurso, que parece orientar tanto sua ordem semântica quanto a sintática. Ela partilha assim o interesse da retórica pelo aspecto pragmático da linguagem, ambas estudam o modo pelo qual os interlocutores se relacionam por intermédio da linguagem.

A Lógica Formal, desde seu princípio na versão do silogismo aristotélico, se caracteriza por sua perfeita impermeabilidade aos conteúdos: "O homem, sua mortalidade e Sócrates não são considerados por aquilo que significam, mas unicamente pelas relações explícitas que as premissas estabelecem entre eles". (Ibid. 229). A Lógica Natural, ao contrário, é até certo ponto permeável a seus conteúdos e deixa-se moldar-se a eles:

> Ao lado, portanto, de uma lógica da forma, de uma lógica formal, é possível aspirar uma "lógica dos conteúdos", isto é, uma lógica que se preocupa com os procedimentos do pensamento que permitem elaborar conteúdos e ligá-los uns aos outros. A lógica formal na base das proposições dá conta das relações entre conceitos, a lógica natural, por sua vez, se propõe a colocar em evidência o modo como se constroem as noções e os encadeamentos que os unem. (Grize, 1996, p. 80)

A aplicação dos procedimentos de análise desenvolvidos por J. B. Grize ao texto de Rousseau permitiu a Monique de Bonis concluir que a tese da preservação lógica dos delírios de interpretação, frequentemente afirmada pela literatura desde Sérieux e Capgras, não se verifica no "delírio de Rousseau" (assumindo, naturalmente, o risco metodológico de admitir que um texto testemunhe com alguma fidedignidade a respeito das eventuais psicopatologias de seu autor). De fato, a autora isola figuras ilógicas e contraditórias no texto "delirante" de Rousseau.

Este achado perde, contudo, muito de sua força diante do fato que, no que tem de formalmente válido, a lógica natural presente nos discursos e cogitações cotidianas tampouco parte de verdades incontestáveis. E no que tem de formalmente inválido, a lógica natural se mostra frequentemente como necessária, como demonstra a operacionalidade infundada, mas cotidianamente eficaz, da inferência: "*Se a mesa está posta, é hora de jantar*".

De fato, ao comentar o trabalho de Monique de Bonis, Jean-Blaise Grize observa que a psicopatologia não se diferencia da lógica natural e da lógica matemática no que diz respeito à forma das deduções. Ambas, a lógica natural como a matemática, "repousam, com efeito, sobre aquilo que convém chamar de *modus ponens*: de 'p' e de 'p então q' resulta necessariamente 'q'" (Ibid., p. 231). Entretanto, no que diz respeito à ordem cognitiva, sublinha o autor, tanto a psicopatologia quanto a lógica natural que orienta os discursos cotidianos se confrontam com a questão de "determinar a fonte dos princípios, isto é, a origem da premissa maior dos silogismos" (Ibid., p. 231).

A Lógica Natural isola, nos discursos que examina, "dois procedimentos opostos e complementares do pensamento, aquele denominado dedutivo e o outro indutivo. O primeiro parte de princípios (e aqui de Princípios) para dele tirar algumas consequências. O segundo se apoia sobre constatações de fatos e se propõe a remontar a um princípio (a um Princípio) gerador". (Ibid., p.231).

Monique de Bonis demonstra efetivamente a presença dos dois tipos de raciocínio em Rousseau e conclui que seu delírio não se configura como exato do ponto de vista lógico. Tal descoberta é de natureza a esclarecer como imprecisa a hipótese de uma exatidão dos raciocínios lógicos na *folie raisonnante*, que, desde Séglas e Ribot, seria uma constante desses quadros. Contudo, se considerado que discursos que nada têm de delirantes tampouco seguem com precisão os cálculos de proposições e de predicados, essa descoberta não pode caracterizar a psicopatologia de Rousseau. Ora, se a imprecisão lógica do "delírio" de Rousseau, não constitui um elemento patognomônico deste, onde residiria, portanto, o sinal *sine qua non* de sua patologia?

Jean-Blaise Grize, examinando a pesquisa em questão, conclui seu texto ao chamar a atenção para o excesso de formalização como um eventual elemento etiológico da psicopatologia de Rousseau:

> Ao ler Monique de Bonis, parece que, se é possível falar de um "excesso de lógica", seria preciso entender por isso um excesso de formalismo, isto é, a utilização de uma lógica que procede como se a natureza dos objetos não importasse. De fato, e na vida cotidiana, raciocinamos apenas para obter os fatos que se impõem menos por sua verdade que pela evidência daquilo que eles dão a ver. Aristóteles teria dito que a intenção aqui não é teórica, universalmente verdadeira e para cada um, mas prática, válida *hic et nunc*.

> Este *aqui e agora* não se dá sem frequentemente levantar o problema da "normalidade" no sentido em que, tal como escreve Monique de Bonis, "todos os cânones da lógica não são aparentemente respeitados", mesmo aquilo que é amplamente indeterminado e que é tomado enquanto cânone pela lógica natural. Falando na terminologia piagetiana, a análise do texto de Rousseau, ao insistir na pregnância da sistematização, deixa perceber certo desequilíbrio entre a assimilação e a acomodação. Rousseau tende a assimilar os dados exteriores aos seus roteiros, aos seus próprios esquemas, sem, contudo, sempre acomodá-los como o faria outro, diferente dele. (Grize, 1992, p. 235)

Grize explicita o sentido de formalização com a terminologia piagetiana: Rousseau parece poder *assimilar* elementos do mundo ao seu discurso, mas não se *acomoda* a eles, ou seja, não há transformação da estrutura interna após a assimilação. Rousseau não deixaria, segundo Grize, a ordem semântica de seu discurso ser modificada pelos seus conteúdos, tal como ocorre normalmente na lógica natural, que vai definindo os significados de seus termos ao longo da interlocução.

Sob tal ponto de vista, não seria arriscada a ilustração do delírio como uma formação discursiva de funcionamento análogo a uma teoria axiomatizada, com a ressalva, evidentemente, que a axiomatização de uma teoria científica depende, em geral, de uma longa maturação junto aos fatos e às teorias vigentes a respeito dos mesmos, enquanto que o delírio parece fracassar justamente por não ter tido paciência suficiente para a elaboração de seus conceitos.

Para se compreender as consequências da precariedade da acomodação semântica no campo psicopatológico, será preciso que se retome o novo modelo de André Green para a associação-livre, oriundo de sua experiência com pacientes *borderline*, articulando-o ao conceito de *implicação significante* proposto por Jean Piaget. É o que faremos nos próximos itens.

5.

AS IMPLICAÇÕES SIGNIFICATIVAS E A POSIÇÃO FÓBICA CENTRAL SEGUNDO ANDRÉ GREEN

Ao lado, portanto, de uma lógica da forma, de uma lógica formal, é possível aspirar uma "lógica dos conteúdos", isto é, uma lógica que se preocupa com os procedimentos do pensamento que permitem elaborar conteúdos e ligá-los uns aos outros. A lógica formal na base das proposições dá conta das relações entre conceitos, a lógica natural, por sua vez, se propõe a colocar em evidência o modo como se constroem as noções e os encadeamentos que os unem.

(Grize, 1996, p. 80)

Como já dito, no final de sua vida, Piaget eleva a *implicação significante* ao estatuto de modelo. Isso significa que ele deixou de atribuir-lhe uma natureza derivável da classificação e da seriação e passou a considerar a implicação como um processo originário. Em outras palavras, a partir de tal reconsideração, Piaget considera a função cognitiva do psiquismo segundo três processos fundamentais: classificação, seriação e estabelecimento de implicações. Nesse sentido, a implicação passou a ser considerada como presente em qualquer processo psíquico cognitivo. E como, para Piaget, a cognição é uma forma de adaptação, o que coincide com a definição biológica de organismo vivo, a implicação deve tomar parte em virtualmente todos os processos psíquicos.

Piaget chamou de *implicação significante* uma inferência ligada a um referente. A *implicação significante* seria a origem dos sistemas de significação não lógico-matemática, presentes na Lógica Natural, assim como dos futuros sistemas de significação Lógica, que se realizam de modo absolutamente formal, independentemente dos conteúdos dos raciocínios. Com efeito, as inferências da Lógica operam com uma semântica formal, sem referente, já as inferências da vida diária sempre operam com um referente. As conclusões no ambiente da linguagem natural, que é aquele dos sistemas de significação não lógico--matemática, não possuem o caráter de necessidade da Lógica Formal, sendo apenas contingentes.

Ora, no interior da linguagem natural, tais sistemas de significação não lógica participam ampla e intensamente dos processos nos quais o afeto está em primeiro plano, como na criação poética (Jacob, 2004), e nas construções normais e patológicas em torno das relações amorosas. Balzac, por exemplo, em *Os segredos da princesa de Cardigan* aproxima explicitamente a forma das inferências no campo amoroso das formas desta na razão científica: *"ela era experiente e sabia que o caráter amoroso é assinalado de alguma forma nas pequenas coisas. Uma mulher instruída pode ler seu futuro num simples gesto, assim como Cuvier sabia dizer, ao ver o fragmento de uma pata: isso pertence a um animal de tal dimensão, etc.".* Tais raciocínios, entretanto, ainda se deparam com a possibilidade de erro, e um véu de incerteza atenua a clareza de suas conclusões. Ora, tal incerteza está totalmente ausente do apaixonado que toma a imagem como a premissa de um argumento necessário do ponto de vista lógico, isto é, no qual estão presentes sincronicamente as premissas e sua conclusão: Othello *conclui*, através de inferências, a "realidade" da traição sofrida ao *ver* um lenço de Desdemona, conclusão cuja *necessidade ilusória* desencadeia toda a bela tragédia de Shakespeare. Assim, as implicações significantes organizam os processos de inferência não apenas eventualmente dolorosos no terreno afetivo, como também patológicos, no sentido grego de *pathos*, isto é, sofrimento, presente na origem deste termo: "se minha mãe me bateu e não bateu no meu irmão, ela gosta mais dele do que de mim" ou "é porque, no fundo, não me queriam como filho que meus pais me levavam todo final de semana para que eu dormisse na casa de meus avós".

Ao longo de mais de 30 anos de produção teórica, André Green tem afirmado sua intenção de demonstrar a pertinência das patologias dos estados-limite, ou *borderline*, como um *novo paradigma* da psicanálise (Green, 1974, 1999; Figueiredo & Cintra, 2004). Diante da complexidade do diagnóstico e do tratamento impostos por tais quadros, André Green percebe uma lacuna no próprio corpo teórico psicanalítico. De fato, longe de meramente constituírem quadros mistos, cuja composição residiria em uma justaposição ou amálgama entre a neurose e psicose, os estados-limite constituiriam verdadeiramente um conjunto de patologias à parte, onde é a própria questão dos limites intra-interpsíquicos que se manifesta segundo modalidades clinicas não contempladas pelos modelos da neurose, psicose e perversão. É nesse sentido que os estados-limite exigem, segundo André Green, a construção de uma nova categoria no interior da nosologia psicanalítica[1].

André Green, a partir de seus trabalhos com pacientes borderline cunha a expressão *implicação significativa*. Considerarei tal expressão operacionalmente enquanto equivalente ao conceito piagetiano de *implicação significante*, isto é enquanto conclusões ligadas aos conteúdos singulares dos raciocínios. Note-se, contudo, que André Green utiliza a *implicação significativa* exclusivamente para processos inconscientes e no contexto psicopatológico. As *implicações significativas* de A. Green podem ser compreendidas a partir de um funcionamento argumentativo da imagem a nível inconsciente, coincidente com a própria estruturação das associações. Tal processo foi

---

[1] A respeito da história clínica da construção dessa rica e complexa categoria no interior da metapsicologia, remeto o leitor ao profundo trabalho "*Questões teóricas na psicopatologia contemporânea*", de Mario Fuks (Fuks, 2000), onde o autor retoma os trabalhos pioneiros de Helène Deutsch sobre as "personalidades *as if*" e percorre a história dos desdobramentos deste conceito em Winnicott, Pontalis, Bleger, Kernberg e Kohut. Para tanto, Mario Fuks apresenta a reflexão metapsicológica dos futuros quadros *borderline* precisamente *a partir* das problemáticas clínicas (condutas aditivas, anorexia, sintomas psicossomáticos, condutas de risco, depressões sem luto, etc.) que exigiram um deslocamento da escuta analítica dos cânones da neurose.

estudado por Green no comportamento *borderline*, mas sendo considerado coincidente com o processo associativo, ele deve necessariamente estar presente em todo e qualquer sujeito, sofra ele ou não desta patologia.

As *implicações significativas* seriam perceptíveis, em certos casos *borderline*, como um evitamento particularmente tenaz do paciente em aproximar-se de grupos específicos de conteúdos, donde sua descrição por Green como uma *posição fóbica central*. A expressão "posição fóbica", como se verá a seguir, indica a importância do movimento centrífugo do discurso em relação aos grupos de conteúdos e o adjetivo "central" indica que tal movimento centrífugo domina a totalidade dos processos associativos do sujeito.

Por posição fóbica central, André Green compreende "uma disposição psíquica de base fóbica, que se encontra frequentemente no tratamento de certos estados-limite". (Green, 2000, p. 745). A *posição fóbica central* difere dos quadros de fobia neurótica a partir da diferença de grau de simbolização da angústia presente. De fato, diferentemente da fobia, onde a angústia se encontra relativamente bem delimitada em torno de certas formações simbólicas, na *posição fóbica central*, ela apareceria de modo muito mais difuso, e pouco articulado à linguagem. A partir desta diferença dos graus de simbolização em jogo, Green chama a atenção para a carência de uma teorização mais profunda, por parte do campo psicanalítico, a respeito da própria natureza da angústia em pacientes adultos (Ibid., p. 743).

Green chama a atenção para o fato que as crises fóbicas dos quadros neuróticos não surgem durante as sessões, ao passo que a posição fóbica central é um "funcionamento fóbico durante a sessão", elemento diferencial que André Green toma como um indício a respeito da natureza especifica da angústia em questão. Com efeito, "para que tal funcionamento não seja contido nos limites de um sintoma e se manifeste sobretudo no exterior, argumenta Green, é preciso que este último não baste para circunscrever o conflito, ou, pelo menos, seus aspectos mais investidos". (Ibid., p. 744)

Os pacientes em questão

> [...] podem apresentar manifestações fóbicas. Entretanto, a análise destas durante as sessões não resulta em grande coisa, pois elas permanecem frequentemente vagas e indeterminadas. Elas trazem poucas associações, mobilizam soluções de evitamento [...], mas não incitam o paciente a compreender aquilo que elas traduzem de sua vida psíquica ou as colocar em relação com aquilo do que seriam um deslocamento. Diferentemente dos casos onde a fobia se encontra circunscrita, o que permite um funcionamento normal, aqui, ao contrário, o resultado é uma inibição ampla do Ego, confinando frequentemente os pacientes a um isolamento cada vez maior. (Ibid., p. 744)

Sobre tal evitamento do sentido, também descrito por André Green como uma espécie de *erosão radical da inteligibilidade na comunicação durante a situação psicanalítica* trata-se, segundo o autor, de uma forma de proteção da estrutura egoica enquanto tal, antes de se constituir em um distanciamento de representações estética ou moralmente incompatíveis com o Superego, como é o caso da fobia neurótica:

> Não se trata simplesmente do acesso ao consciente de certas partes do inconsciente [...], mas, antes disso, de ressonâncias e de correspondências entre certos temas que conseguem abrir um caminho de facilitação através de diversas vias vindas do recalcado, ameaçadoras, não somente com respeito às sanções do Superego, mas também para a organização do Ego. Eis porque é preciso impedir o pleno desenvolvimento destes conteúdos no consciente e sua reviviscência completa. (Ibid., p. 745)

Note-se que Freud já havia chamado a atenção para a especificidade clínica da multiplicidade de núcleos de ideias patógenas. Entretanto, se, para Freud, tal multiplicidade configurava meramente uma dificuldade técnica para o analista, Green observa que a multiplicidade de temas traumáticos pode representar por si só um elemento extremamente perigoso para a própria estrutura do aparelho psíquico. Assim, apesar de se articularem, como no caso da neurose, nos estados-limite em questão, os múltiplos núcleos devem também ser mantidos isolados uns dos outros, pois sua junção representaria um perigo para a organização do Ego. Cabe notar, nesse sentido, que não é meramente a somatória de múltiplos núcleos patogênicos que os constitui como temíveis para o sujeito, mas sua ressonância mútua, isto é, as relações que possam estabelecer entre si. Segundo Green, a ligação entre múltiplos núcleos e temas possui a capacidade de amplificar suas respectivas potências, gerando um poder de ameaça bem maior que aquele oriundo da soma das partes.

> Esses temas, que marcam a história do sujeito se potencializam mutuamente, ou seja, eles não se contentam em somar-se mas amplificam-se através da relação que estabelecem uns com os outros. *Eles afetam seu funcionamento psíquico, que não pode mais se contentar em evitar aquilo que retorna à superfície isoladamente, ou impedir o ressurgimento do mais antigo e do mais profundo, pois se trata igualmente de impedir a extensão e a reunião que religam os temas uns aos outros.* [...] O resultado global não pode ser compreendido pela referência a um acontecimento traumático singular, por mais profundo e intenso que ele seja, mas pelas relações de reforço mútuo entre os eventos cujo reagrupamento criaria uma desintegração virtual oriunda da conjunção de diferentes situações em eco umas com as outras. É preciso então conceber, na comunicação com o paciente, *as condensações daquilo que se apresenta enquanto placas giratórias, enlouquecedoras, pois elas se tornam o nó de encontros onde se entrecruzam diferentes linhas traumáticas.*

É assim a relação entre os núcleos enquanto tal que pode ser responsabilizada por uma nova ameaça à organização psíquica. Eis, segundo Green, a origem de uma modalidade específica de defesa, detectável no discurso de alguns pacientes *borderline*, que consiste em evitar sistematicamente toda e qualquer ligação entre conteúdos psíquicos.

> Gostaria de especificar que não se trata somente de impedir o retorno do trauma mais marcante, nem daquilo que foi descrito em termos de traumas cumulativos ("Khan")[2], mas de obstruir o estabelecimento de relações entre as diferentes constelações traumáticas, cujo estabelecimento de relações umas com as outras é sentida como uma invasão angustiante por forças incontroláveis. O despertar de qualquer um destes traumas poderia entrar em ressonância com os outros. (Ibid. p. 746)

Ora, diante de uma certa fragilidade estrutural do Ego, é a própria configuração de conjunto que representa uma ameaça. Sejamos, contudo, mais claros quanto ao sentido da expressão

---

[2] O interesse pela noção de *trauma cumulativo*, elaborada por Masud Kahn, é retomado com pertinência por Lucía Fuks em seu trabalho *A insistência do traumático*, (Fuks, L. 2000) onde a autora retoma a situação analítica como *um lugar da narratividade e historicidade do sujeito* e *uma condição de possibilidade do próprio processo analítico*. Ao *recontar a história*: "a historicização que se consegue na análise muda o sentido e a intensidade dos traumas; pode relativizá-los, intercambiar seus pontos de impacto e as figuras nele implicadas. O conceito de *Nachträglichkeit* explica a eficácia da psicanálise" (p. 122).

fragilidade estrutural do Ego[3]. Tal fragilidade deve ser pensada, evidentemente, não de modo absoluto, mas de modo relativo, isto é, trata-se de uma fragilidade que pode ser definida apenas relativamente à intensidade das ameaças internas.

A imagem compósita que resultaria disto [do estabelecimento de relações entre diversos traumas] seria impensável, pois ela desencadearia uma violência inaudita dirigida contra o objeto, mas sobretudo contra o Ego do paciente. É preciso então supor que aquilo que torna a aglomeração destes temas muito ameaçadora é o fato deles ameaçarem os organizadores fundamentais da vida psíquica, cujas falhas são susceptíveis de levar à catástrofe. (Ibib., p. 746)

André Green chama aqui a atenção para um perigo para o Ego oriundo especificamente da articulação entre conteúdos psíquicos e não apenas dos conteúdos eles mesmos. Trata-se, portanto, de considerar que as ligações de sentido possuem uma potencialidade patógena específica.

Enquanto meras formas de articulação entre conteúdos entre si, deve-se então considerar que sua periculosidade não possa ser referida a nenhuma experiência vivida. De fato, as relações entre tais conteúdos resultariam, antes disso, da espontaneidade e originariedade do estabelecimento de relações de necessidade, tal

---

[3] Luís Cláudio Figueiredo desenvolve uma instigante discussão a respeito da relação entre tal fragilidade egoica e a instauração incompleta do princípio de realidade. Ambos resultariam de modo correlato da exposição traumática do aparelho psíquico às forças pulsionais não ligadas, próprias do *além do princípio do prazer*, cf. Figueiredo, 2003.

como conceitualizadas pela teoria piagetiana sob o termo implicação significante.

A experiência egoica diante de tal ameaça é evidentemente aquela de um extremo desamparo e angústia. Nesse sentido, a ameaça interna à qual está sujeito seria a origem de sua *posição fóbica central*. Tal como sugere André Green, esta seria igualmente a razão do desinvestimento generalizado da palavra e do refluxo libidinal ao narcisismo, donde o caráter particularmente rarefeito do discurso associativo.

> O verdadeiro trauma consistirá então na possibilidade de os reunir em uma configuração de conjunto onde o sujeito tem a sensação que ele perdeu sua capacidade interior de se opor às interdições e não está mais em condições de assegurar os limites de sua individualidade, recorrendo a identificações múltiplas e contraditórias, e se encontrando doravante incapaz de fazer operar suas soluções defensivas isoladas. É por isso que a ideia de centralidade me pareceu a mais apropriada para definir uma situação intermediária, nível intuitivamente percebido pelo analista como sendo aquele onde progride o filão associativo, chocando-se com o que obstrui seu progresso, suas ramificações, seu desdobramento em direção à superfície assim como em direção à profundidade. Esse tipo de funcionamento, que demonstra a fragilidade da capacidade de autoinvestigação ou dos efeitos perigosos de seu exercício, tem consequências tão radicais que não podemos explicar o recurso a mecanismos

> automutilantes para o pensamento senão pela necessidade de
> se opor a importantes perigos de desabamento. (Ibib., p. 746)

É, portanto, em um sentido negativo, isto é, a partir de uma rarefação e aridez associativa generalizada e de natureza defensiva, que tais pacientes convidam a reflexão psicanalítica para uma retomada da questão da estrutura da associação-livre.

As relações de homologia entre implicações inconscientes e seus derivados

André Green parte de uma passagem do *Projeto de uma psicologia para neurólogos* para retomar e aprofundar uma estrutura de determinação sintática das associações livres, isto é, uma determinação que deve ser pensada a partir das "relações entre os signos entre si". Nesta passagem, Freud descreve o modelo do investimento lateral como mecanismo de censura do investimento de uma imagem desagradável:

> Agora se pode facilmente representar – com o auxílio de um mecanismo que *chame a atenção* do eu para a aproximação do novo investimento da imagem recordativa hostil – que o eu possa conseguir inibir o curso quantitativo entre recordação e liberação de desprazer por meio de investimento lateral

abundante que, segundo a necessidade, pode ser reforçado.
(Freud, 1895 b, p. 417)

André Green hipotetiza então a existência de uma relação de homologia entre a via interrompida e a nova via, utilizada para desviar a atenção da primeira. Como se sabe, diferentemente de uma relação de analogia, a homologia implica que seus elementos tenham uma mesma origem:

> Por um lado, o investimento direto de uma quantidade movente do neurônio a em direção ao neurônio b os coloca em relação em razão de uma "atração provocada pelo desejo", por outro lado, uma cadeia denominada por Freud como investimento lateral que se desdobra, partindo de a, segundo um trajeto arborescente, em direção aos neurônios $\alpha, \beta, \gamma, \delta$. O investimento lateral complementa a via $a \rightarrow b$, quando esta se encontra barrada, por ser capaz de levar ao desprazer. [...] O investimento lateral encontra, portanto, uma saída alternativa a estas vias inibidas. Faço a hipótese que a relação entre a e o investimento lateral substitutivo $\alpha, \beta, \gamma, \delta$ deve ter uma relação mais ou menos homológica com a via inibida $a \rightarrow b$, de modo que a análise desse investimento lateral em relação com a, deveria nos dar uma ideia indireta, ainda que aproximativa com relação à relação (rapport) $a\, b$.
> (Green, 2000, p. 747)

André Green sugere então que este modelo seja utilizado para a compreensão "do tipo de comunicação na sessão". Trata-se de compreender, portanto a própria estrutura narrativa da associação-livre como uma relação de homologia entre as vias inibidas e os investimentos laterais. Ora, tal transposição fundamenta uma abordagem interpretativa do discurso associativo, cujos elementos estejam aparentemente desconexos. De fato, aplicado ao tipo de comunicação durante a sessão, a ideia de relações homológicas afina a compreensão analítica das relações entre vários subtemas presentes no discurso associativo: "A resistência obriga ao desvio, mas este, em compensação, enriquece as possibilidades de associação e permite obter, através desta mediação, uma vaga ideia daquilo que não pode ser dito" (Ibid., p. 748).

É nesse momento que André Green sugere um novo ponto de vista, a nosso ver, epistemologicamente significativo, a respeito da associação-livre. Pois, a relação de homologia supostamente presente entre quaisquer elementos narrativos do discurso do paciente ultrapassa as determinações geradas por intersecções e coincidências dos significantes, responsáveis por grande parte dos sintomas neuróticos. Em outras palavras, o modelo de determinação semântica, restrito ao campo das coincidências entre significantes, não contempla, e, portanto, não pode fundamentar a totalidade das determinações homológicas do discurso. (Ibid., p. 748- 750)

Notemos que não há em Green qualquer propósito de substituir o modelo de determinação semântica das associações livre por aquele de determinação sintática. De fato, o papel de determinação por via do significante é uma condição necessária da formação de sintoma. Contudo, há ocasiões onde as coincidências entre significantes não são suficientes para a compreensão clínica orientada pela escuta psicanalítica:

> Cláudio procurou análise preocupado com aquilo que ele chamou de "indiferença" por tudo: seu trabalho, sua vida sexual, seu casamento... Iniciadas as sessões, seu discurso era monossilábico, os eventuais elos associativos se intercalavam com longas pausas silenciosas. A cada intervenção minha, tais pausas se prolongavam ainda mais. Aos poucos, fui ficando atento a esse ritmo, espécie de valsa lenta, que me parecia prometer mais vida que o conteúdo de suas palavras. Um dia chega com um aspecto tenso, som uma estranha expressão que não combinava com a aparência de seu sorriso. Suprimindo a longa pausa inicial de suas sessões, conta que no fim de semana quase morreu, ou pelo menos ficou com muito medo de morrer. Estava fazendo surf quando o tempo virou. Quando percebeu, estava muito longe da praia. Tentou "remar" com os braços de volta, mas era sempre levado para mais longe por uma forte correnteza marítima. Do mar pensou nos dois filhos de três e de cinco anos, que havia deixado brincando na praia e pensou que poderia morrer e deixá-los órfãos. Teve muito medo, "remou" mais forte ainda e, depois de um bom tempo e quase sem forças, acabou conseguindo chegar à praia. Naquela noite teve um sonho "muito estranho". Sonhou com o rosto de uma antiga

namorada sua, da época da adolescência. Esse rosto estava no ar, sozinho. Depois de ver essa imagem, ele acordou. Como de costume, suas associações se concluíram no primeiro relato pontual: "Era uma namorada que tomava remédios, tinha tido um surto psicótico". Perguntei se havia algum detalhe ou elemento diferente no sonho, sua resposta foi negativa, seguida pelo seu habitual silêncio. Perguntei então se já tinha vivido algo parecido com aquela experiência de risco de vida no mar. Lembrou-se então que, quando tinha uns dez anos, estava na praia com sua mãe e foram nadar juntos no fundo. O mar estava bravo e ela não conseguia retornar à praia, ele tentou ajudar, mas não conseguia. Retornou então à praia para pedir ajuda. Na praia encontrou um homem negro muito forte para quem contou que sua mãe estava morrendo afogada. Contou isso de um modo mais desesperado do que sentia, pois pensou que as pessoas podiam não acreditar se ele não parecesse alterado. Era a mesma sensação de falsidade da qual já havia se queixado em outras ocasiões, mas essa era, até o momento, a lembrança onde essa sensação aparecera mais precocemente em sua análise. O homem entrou no mar e salvou sua mãe. Comentou com um misto de desprezo e ironia, já meus conhecidos, que " Houve certo alvoroço na praia".

O relato dessa lembrança me parecia tecer algumas correspondências com o que ele tinha passado, mas não conseguia ver de que modo aquele sonho tão econômico em imagens poderia ser uma elaboração do risco de vida. Além disso, era um sonho claramente insuficiente diante do que havia para ser elaborado, seu despertar me parecia, nesse sentido, um indício que confirmava tal insuficiência do trabalho onírico. De fato, havia relativamente pouco trabalho onírico na imagem do sonho como tal. Então voltei a pedir associações do sonho. Ele contou então algumas cenas do seu namoro, como quando transaram uma vez em que ela estava muito esquisita, provavelmente em surto, e que ele se sentiu meio mal depois. Esse namoro tinha sido interrompido por uma viagem que ele havia feito ao exterior e, na sua volta, ele soube que ela tinha sido internada. De minha parte, ainda não via qualquer relação entre os três focos narrativos: o sonho, o risco do dia anterior e a lembrança do quase afogamento de sua mãe. Mas essa ausência de relações de significação entre um sonho de angústia com uma função evidentemente elaborativa do acontecimento do dia anterior me intrigava cada vez mais (cf. Ab'Sáber, 2005, assim como Gurfinkel, 2002). Voltei então à lembrança antiga, com uma intervenção aberta: "Você quase perdeu sua mãe, isso deve ter sido tão forte que mal podia acreditar…". Houve um momento de silêncio, e enfim uma resposta esclarecedora: "Quando eu tinha três anos, minha mãe teve um surto psicótico e foi internada. Mas disso eu não me lembro, me contaram depois que eu já era grande". Ele permaneceu, para minha surpresa, com sua habitual indiferença. Entendi que não havia sobre o que insistir naquele momento, e permaneci em silêncio no restante daquela sessão[4].

Evidentemente, o trauma de três anos, do qual não possui lembranças, é aqui o objeto de uma analogia. O centro de gravidade do afeto não estava em nenhum dos três focos narrativos da sessão: nem no angustiante evento do dia anterior, nem no sonho, nem no trauma vivido com dez anos, mas em outro trauma, aquele que tinha passado com seus três anos. Nessa idade havia sofrido com uma prolongada ausência de sua mãe sem qualquer explicação. O silêncio sobre esse surto foi mantido por muitos anos. Cabe ainda lembrar que seus pais tinham se separado quando ele tinha um ano e meio, experiência que pode estar também presente nesse sonho. Até onde pude compreender, esse sonho indica o tremendo esforço necessário para dar sentido a um trauma, que, quando ocorreu, não possuía palavras que o explicassem. Se compreendermos tais polos narrativos como tentativas de elaboração/explicação dessa primeira experiência, seus elementos-chave, seus pontos de passagem, são:

O pensamento de deixar seus filhos órfãos ao morrer no mar seria análogo ao que ele próprio sofrera com dez anos, quando quase perdeu sua mãe. Seu próprio medo de morrer é substituído pelo medo que a mãe morra.

---

[4] A respeito da escuta do trauma e dos desenvolvimentos na técnica condizentes com a revolução teórica do *Além do princípio do prazer*, cf. *Em busca de uma clínica para o trauma*, de Myriam Uchitel (2000).

Dessa analogia, seu sonho parece conservar apenas o último resultado. Entretanto, sob o manto de uma analogia, jaz uma relação de homologia: a perda da mãe verdadeiramente responsável pelo trauma não se refere ao risco de vida na praia, não se trata de uma perda causada pela possibilidade iminente de sua morte, mas sim uma perda pela loucura que foi causa de um afastamento aos três anos. Abandono, solidão e morte nutrem-se de experiências longínquas, provavelmente vividas sem o acompanhamento de uma palavra que lhes desse sentido[5]. O trauma do dia anterior evoca aquele dos três anos, não o faz, contudo, diretamente, mas através de uma lembrança da adolescência e de uma associação temática, quando sua mãe quase se afogou. A causa da perda, sendo a loucura, o sonho pode substituir seu objeto: "não é mais minha mãe que perdi, mas uma namorada louca".

Note-se que em cada um dos três momentos acima, é possível localizar processos metafóricos, isto é, de substituição de conteúdos. Mas, claro está que nenhuma destas três passagens corresponderia sozinha ao trauma sofrido. Esse trauma só é susceptível de reconstrução se, aos deslocamentos metafóricos, for acrescida uma rede de relações de implicação. A reconstrução pode ser considerada, nesse sentido, como oriunda da *negatividade* da escuta analítica, como *estrutura do sentido* com origem na *ausência do sentido*, como operação de uma *hermenêutica*

---

[5] Cf. a respeito da uma *metapsicologia da solidão* o trabalho de Bernardo Tanis *Circuitos da solidão- entre a cultura e a clínica* (Tanis, 2003).

aberta, onde a ausência de relações convida a presença destas últimas (Silva Jr., 1999, 2004, 2007).

A indicação da existência de uma dor sem palavras se "traduz" aqui não por metáforas pontuais, mas por desdobramentos analógicos em discursos paralelos que retroagem e reverberam entre si. Conforme descreve André Green em A *posição fóbica central*, a *reverberação retroativa* e a *anunciação antecipadora* de elementos semânticos são dois elementos presentes na associação-livre, que condensam poderes de significação em relação a elementos temporalmente distantes do discurso.

> Assim, *reverberação retroativa* e *anunciação antecipadora* agirão em concerto, nos fazendo compreender que a associação-livre nos permite aceder a uma estrutura temporal complexa que coloca em questão a linearidade aparente do discurso para nos tornar sensíveis a uma temporalidade simultaneamente progrediente e regrediente, tomando uma forma arborescente e, sobretudo, produtora de potencialidades não expressas ou geradoras de ecos retrospectivos. [...] Podemos ver que um tal funcionamento convida muito mais a figura da rede que aquela da linearidade, às vezes ramificada na coexistência de diferentes temporalidades, lineares, e reticulares [...] *Se há interesse em sublinhar a arborescência do sentido, isto se deve ao fato que ela permite passar de um galho a outro por um trajeto recorrente para retornar em seguida às bifurcações ulteriores do galho de onde se partiu* (Green, 2000, p. 751)

Ora, as passagens de um galho a outro, ou seja, os fenômenos de reverberação e anunciação não operam unicamente por via dos significantes. No caso que descrevemos acima, a estrutura associativa remete a uma organização de implicações significativas indiretas, onde o conteúdo manifesto do sonho (a namorada louca) e a associação do perigo no mar (o quase afogamento da mãe) remetem a um pensamento inconsciente: a perda da mãe pela loucura. Ambas as implicações, contudo, não encontram qualquer progresso em outras associações, parecendo, do ponto de vista do discurso consciente, terminar em "becos sem saída". De fato, a única relação entre as duas associações reside na ideia da internação pela loucura da mãe aos três anos. Entretanto, mesmo quando esse pensamento até então inconsciente vem à tona, um tipo de defesa particularmente tenaz parece impedir que a compreensão, por parte do analisando, se realize. Uma defesa contra a constituição de ligações de sentido como tais, pelo desinvestimento do pensamento e da construção de sentidos segundo uma modalidade essencialmente fóbica.

Green descreve, a esse respeito, um tipo de padrão associativo de alguns pacientes que, "chegando a certos momentos da sessão, pareciam virar as costas a todo o movimento de pensamento que os havia levado até um certo ponto de seu discurso, exatamente quando a conclusão da sequência de sua progressão parecia quase previsível e esclarecedora". (Ibid., p. 753) Tal padrão é ilustrado pela apresentação do caso de Gabriel, de funcionamento associativo

> [...] impreciso, vago, inapreensível, deslocado em relação aos acontecimentos relatados. Em certos momentos, ele reconhecia a exatidão de certas interpretações, fazendo, em seguida, como se elas nunca tivessem sido enunciadas. *Compreendi então que aquilo que impedia seu desdobramento associativo, aquilo que, em suma, fazia estagnar essa progressão pluridirecional e que esterilizava seu curso era a **antecipação** do termo ao qual ela arriscava conduzi-lo.* (Ibid., p. 759)

Fica evidente, a partir de tal comentário de André Green, que o desinvestimento associativo resulta de uma reação fóbica ao sentido antecipado pelo sujeito. Isso não significa, contudo, que tal desinvestimento aconteça de modo homogêneo em relação a todas as cadeias de pensamento. De certo modo, o desinvestimento é "bem informado" através de antecipações de sentidos ameaçadores resultantes de inferências, as quais, de modo inconsciente, alertam a respeito da proximidade do perigo (Ibid., p. 761)

De fato, não haveria antecipação da ameaça de relações de sentido sem a presença de processos de implicação de natureza lógica. André Green desenvolve, nesse sentido, um modelo no qual o processo subjacente à associação-livre não se restringe à semântica. Sobretudo a partir da clínica de pacientes *borderline*, chama a atenção para o fato que os elos inferenciais entre os significantes determinam a estrutura psíquica global dos sujeitos de um modo equivalente à justaposição semântica entre os significantes. Pode-se falar aqui da criação de um subparadigma no sentido de Gilles-Gaston Granger, pois os conceitos foram ampliados, mas não redefinidos pela introdução do novo ponto de vista, o inferencial, no corpo teórico da psicanálise. Não houve ruptura completa e nem incomunicabilidade com o paradigma anterior; pelo contrário, há relações de congruência e complementaridade entre os dois modelos. Vejamos como isto se dá examinando a diferença entre o modelo freudiano mais conhecido da determinação psíquica, que pode ser chamado de *modelo semântico*, e o *modelo sintático*, que, segundo penso, traduz com fidelidade o modelo proposto por André Green.

Semântica e sintaxe das associações-livres

A partir da clínica das neuroses, Freud concebe uma terapêutica que age exclusivamente através do discurso de seus pacientes. A associação de ideias, após o abandono da hipnose como técnica de acesso aos conteúdos inconscientes, foi, em seguida, definida por Freud como a regra fundamental da psicanálise. Com efeito, com a associação-livre temos um modelo da relação entre linguagem e patologia na concepção freudiana.

Apesar de a expressão *associação-livre* indicar uma ideia de liberdade de ideias, isso não quer dizer que o paciente deva sistematicamente guiar seu discurso pelo sem sentido, mas que deva simplesmente evitar que seu discurso seja guiado preferencialmente pela racionalidade e pelas convenções vigentes na linguagem natural. Na linguagem natural, socialmente aceita e válida, cada interlocutor seleciona ideias, imagens, lembranças de uma série de conteúdos que normalmente lhe vêm à consciência de modo a manter uma coerência em seu discurso. Diferentemente desta orientação pela coerência discursiva da comunicação, a *regra fundamental* convida o paciente a abrir lugar e a expressar todas as ideias que possuem um papel desviante em seu discurso, sobretudo aquelas que ele se sentir tentado a omitir, quaisquer que sejam os seus motivos. A compreensão do modo de funcionamento deste *instrumento da clínica psicanalítica* supõe uma relação específica entre a associação de ideias e os sintomas neuróticos. Tal como o sintoma, as associações de ideias seriam formas substitutivas das ideias recalcadas. Para Freud, o "recalque é um processo que visa a manter no inconsciente todas as ideias e representações ligadas às pulsões, e cuja realização, produtora de prazer, afetaria o equilíbrio psicológico do indivíduo, transformando-se em fonte de desprazer" (Roudinesco & Plon, 1997, p. 647). Ora, as ideias ou representações recalcadas estariam constantemente exercendo uma força para escapar a esse recalcamento. O *retorno do recalcado*, contudo, só seria possível através de *formações substitutivas*, como por exemplo, sonhos, sintomas, esquecimentos, e atos falhos gerados a partir de deformações de maior ou menor grau das representações recalcadas.

Assim, para Freud, ideias com uma conexão temática ou uma coincidência dos significantes exercem uma função de significação no interior do psiquismo. Isto indica a existência de um *modelo da significação* implícito na própria teoria freudiana do recalcamento e do retorno do recalcado. Com efeito, a estrutura das significações dos sintomas, isto é, a semântica oriunda da psicopatologia psicanalítica freudiana afirma a existência de uma *relação específica entre as representações presentes na associação-livre e no sintoma*: ambos representam, uma vez que substituem, de modo velado, as ideias recalcadas e as lembranças esquecidas. Nesse sentido, uma das expressões mais interessantes empregadas por Freud para nomear os sintomas histéricos é, precisamente, aquela destes serem *Errinnerungsymbole*, isto é, *símbolos de lembranças*. Analogamente à definição de *semântica* no sentido tradicional, que "considera as relações dos signos aos objetos aos quais eles remetem", a concepção psicanalítica de símbolo supõe um processo de recalcamento, o qual separaria os signos dos objetos aos quais se referem e que estes retornariam sob formas bizarras e à revelia dos seus sujeitos. Entre o signo recalcado no inconsciente e o signo que retorna, deformado, do recalcamento, se estabelece uma relação essencialmente simbólica.

Assim, por exemplo, Freud descreve o caso de um rapaz que sistematicamente se "apaixonava por mulheres com um brilho no nariz", sintoma cuja análise desvelou ser proveniente da proximidade fonética entre a expressão inglesa *A glance on the nose* (uma olhada no nariz) e a alemã *Eine Glanz auf der Nase* (briho no nariz). Em sua infância na Inglaterra, onde viveu até os cinco anos, ele se costumava ter um imenso prazer em brincar com a mãe de "dar uma olhada no nariz" (*glance on the nose*). Adulto, em Viena, a nostalgia do prazer compartilhado com a mãe em tais brincadeiras encontrara um refúgio em sua realidade atual, ainda que de modo deformado e irreconhecível ao próprio sujeito, sob a forma da atração irresistível por mulheres com um "brilho no nariz" (*Glanz auf der Nase*). Note-se que o sistematismo das sucessivas paixões dependia de uma coincidência fonética arbitrária entre signos de diferentes línguas: *Glanz* e *glance*. Ainda que tivessem significações diferentes em seus idiomas de origem: Glanz = brilho e *glance* = olhada, os signos fonéticos na origem da intersecção *glance/Glanz*, denominados como *significantes* pela teoria lacaniana, assumiam aqui uma função de identificação subjetiva de significações entre signos heterogêneos, do ponto de vista da linguagem natural.

Este modelo da associação-livre, desenvolvido por Freud a partir da neurose, focaliza, portanto, privilegiadamente o aspecto semântico da substituição entre signos. Ora, na medida em que tal simbolismo se estrutura a partir da relação entre dois ou mais signos, pode-se chamar o modelo freudiano de símbolo de um *modelo semântico*[6]. Analogamente, entendo que um *modelo sintático* da associação-livre foi desenvolvido por André Green.

Ambos os modelos afirmam a existência de relações de substituição entre representações conscientes e inconscientes. Mas se, em Freud, tais relações de substituição deformada se constroem segundo relações morfológicas entre significantes, Green concebe que a relação entre as ideias aparentemente

---

[6] Cf., a esse respeito, A *noção de representação na metapsicologia freudiana* de Ana Loffredo (Loffredo, 2004).

esparsas se dá no interior de um *processo inferencial*: uma coisa implica outra, não por mera semelhança formal, mas tal como as premissas se ligam às conclusões através de uma relação Lógica de implicação. A *implicação significativa*, conforme a descreve André Green, possui regras de inferência que, na ideia de 'associação', são concebidos como sendo de origem semântica. Entretanto, sob o 'e' presente na ideia de uma justaposição presente no termo *associação*, Green resgata a relação 'se, então'.

Os quadros imagísticos e a inversão do creodos: *novas hipóteses para o comportamento* borderline

Piaget argumenta que a função semiótica, isto é, a capacidade de diferenciação do significante e do significado, depende do aparecimento da *imagem mental*, função psíquica que possibilitaria esta diferenciação. De fato, após seu surgimento, as imagens mentais representarão o principal suporte das inferências conscientes e inconscientes do sujeito. Trata-se agora de compreender mais precisamente o funcionamento das *implicações significativas* em tais processos psicopatológicos, ou, dito de outro modo, de que modo o registro semântico, isto é, as imagens mentais podem se articular no interior de implicações inconscientes. Para que se compreenda com clareza o papel da função semiótica nos quadros *borderline*, será preciso agora retomar a gênese das imagens mentais segundo a teoria piagetiana.

Para Piaget a *imagem mental* representa o mundo em que vivemos, mas não é simples cópia ou evocação deste, mas sim o resultado de nossas ações, do que vimos e realizamos nesse mundo. Zelia Ramozzi exemplifica essa ideia de Piaget do seguinte modo: "*a imagem que guardo das escadas da casa de minha infância não é resultado apenas do que vi, mas também do esforço que eu fazia para subi-las*". As *imagens mentais*, para Piaget, não são, portanto, apenas um prolongamento da percepção, mas sim construções do indivíduo que se constituem nos "significados figurativos" do mundo[7].

Cabe aqui retomar algumas observações de Tullio de Mauro sobre a originalidade da concepção piagetiana da *imagem mental* como fundamento da semântica na linguagem natural. A pertinência do conceito de *imagem mental* pode ser melhor considerada a partir da crítica do grande linguista à insuficiência das três grandes tradições das teorias linguísticas:

> A identidade semântica das normas linguísticas é explicada e concebida como a consequência da consistência das formas

---

[7] A concepção freudiana da representação implica igualmente uma forma de registros cinéticos da experiência. A metaforicidade inerente à concepção psicanalítica da linguagem seria, nesse sentido, melhor compreendida se se resgatasse o sentido grego de "metáfora", a saber "transporte". É esse aspecto dinâmico da palavra que pode transportar, que, inversamente, permite compreender a eficácia clínica de intervenções meramente verbais, ou da mera escuta silenciosa (Cf., a esse respeito, Delouya, 2007 assim como Meyer e Schaffa, 2007).

linguísticas próprias: por causa de sua relação com as coisas e conceitos, segundo Aristóteles e Wittgenstein, por causa de sua adesão ao conteúdo, segundo Croce, por causa de seu encadeamento em um sistema, segundo Saussure" (De Mauro, 1969, p. 146).

Diante da necessidade de uma fundamentação da semântica para toda e qualquer comunicabilidade da língua, De Mauro propõe considerar o uso da língua, o *ato significador* como garantia última da semântica: "A experiência semântica repousa sobre a ação do homem" (Ibid., p. 198). A semântica dependeria assim da *utilização* da linguagem e seus referentes pelo sujeito, o que permite compreender que De Mauro indique a obra piagetiana como uma solução possível aos impasses encontrados tanto por Saussure quanto por Wittgenstein. Ambas, ao fundamentarem a linguagem em seu caráter sistêmico e, por assim dizer, autocrático, necessariamente falham diante do desafio de explicar sua enigmática "eficácia" sobre as coisas.

Segundo Piaget, a *imagem mental* reproduz não percepções "puras" do sujeito, mas apenas percepções tornadas possíveis pelas suas ações, e, portanto, percepções no interior de esquemas sensório-motores. A obediência ao *creodos* – expressão utilizada por Piaget para designar o "caminho natural" das construções cognitivas – indica que a aquisição da função semântica se dê após as primeiras experiências sensório-motoras de construção do real, isto é, após a construção das noções de espaço, tempo e causalidade, ao longo do que ele denominou como o período de *coordenação de esquemas secundários*, em torno do oitavo mês de vida do bebê. Tal obediência ao *creodos* garante que os futuros raciocínios da fase do pensamento formal trabalhem a partir de referentes concretos. Isto permite que tais raciocínios formais, por mais abstratos que sejam, tenham sempre em seu horizonte a possibilidade de serem contrapostos aos limites e às leis físicas do mundo real. De fato, os primeiros referentes do pensamento formal são imagens mentais fundadas na experiência física do sujeito, junto aos objetos reais.

De fato, a menção de De Mauro à teoria de Jean Piaget se refere, sob esta ótica, ao fato que a comunicabilidade da linguagem natural só pode ser compreendida a partir do estabelecimento de uma *função semiótica fundada sobre as ações*, isto é, sobre o horizonte das ações do sujeito sobre o mundo.

De fato, para Piaget a linguagem natural se constrói a partir de esquemas verbais com referentes em imagens mentais, as quais, por sua vez, reconstroem, nas primeiras etapas do nível formal, os esquemas motores em ação no passado. Cabe observar, assim, que o estabelecimento de uma funcionalidade operatória das estruturas lógicas em suas interações com o real depende, segundo a concepção piagetiana da construção das noções de espaço, tempo e causalidade, *a partir da experiência física com o meio*. Piaget é aqui fiel a Kant, onde, bem entendido, tais noções não *são derivadas* desta experiência. Contudo, diferentemente de Kant, Piaget considera que as noções de espaço tridimensional, tempo sequencial e causalidade só possam se construir com a experiência, através dos processos de assimilação e de acomodação dos esquemas sensório-motores.

Com efeito, para Piaget, a eficácia da experiência lógico-matemática, constatável pelo estabelecimento de relações causais entre os objetos, assim como entre o corpo do sujeito e os objetos, depende de uma interação intensa com o meio, fonte de toda experiência física da criança. Isto implica que grande parte da futura eficácia do raciocínio lógico-matemático depende da obediência a um "creodos", isto é, a um *caminho natural e necessário* (no sentido etológico do termo) no desenvolvimento do sujeito: primeiramente, ele deveria desenvolver a contento seus esquemas motores, para, em seguida, dar continuidade as suas interações com o mundo através da função semiótica. Será a partir de tal momento que as inferências lógicas do sujeito poderão ampliar seu universo de um modo inédito até então para a criança. De fato, as cogitações e implicações realizadas pelo pequeno sujeito, até então irremediavelmente limitadas às suas ações e ao seu campo perceptivo presente (som de chinelos → mamãe chegando), passam a poder estender seu domínio ao futuro, ao passado e a lugares para além de sua visão imediata[8].

---

[8] A partir de um interessante artigo de Marisa Pellela Mélega, *Linguagem em psicanálise: gênese e significação*, tomei recentemente conhecimento das hipóteses de Donald Melzer sobre a gênese da linguagem, as quais são, a meu ver, convergentes com aquelas aqui apresentadas. Inspirado na linguística de Chomsky, Meltzer concebe uma estruturação igualmente bifásica da linguagem: por um lado, no que denomina 'linguagem interior', atribui uma originariedade aos aspectos gramaticais da linguagem, responsáveis pelo pensamento onírico e presente na linguagem da fantasia inconsciente. Por outro, concebe um papel estruturante da semântica, a qual, num segundo momento, forneceria um "um conjunto de significados básicos

As imagens mentais construídas sobre explorações sensório-motoras não são, contudo, o único suporte para as pré-inferências e inferências. As pesquisas de Zelia Ramozzi-Chiarottino demonstraram que as implicações significantes podem ser feitas a partir de *quadros sensoriais precocemente representados*. O *quadro sensorial* é para Piaget um "quadro" criado pela criança em função de sua vida cotidiana, antes que ela adquira a capacidade de distinguir significado de significante. Este "quadro sensorial" situa-se em uma "memória orgânica", que opera ainda *sem a representação imagística*, a qual só aparece por volta de um ano e meio a dois anos de idade (Piaget, 1945, 199-200, 223):

> A criança normal, segundo o modelo de Piaget, constrói o real (noções de espaço, tempo e causalidade) paralelamente à construção endógena do funcionamento das estruturas mentais, até dois anos, em média, quando então adquirirá a função semiótica ou capacidade de distinguir o significado do significante por intermédio de imagens mentais. A organização dessas imagens dar-se-á graças à construção do real e à capacidade de raciocinar de acordo com uma determinada lógica. (Ramozzi-Chiarottino, 1992)

---

relativos ao tempo, ao espaço, à pessoa e às operações lógicas que determinam a transformação da linguagem interior em fala interior" (Mélega, 2007, p. 58).

A hipótese de Zelia Ramozzi-Chiarottino nos mostra que nem sempre aquilo que Piaget chamou de *creodos*, isto é, o "caminho natural", necessário, acontece. O próprio Piaget admitiu desvios no creodos, diz ela, porém determinando uma patologia. Isto significa que, em casos excepcionais, a capacidade de representar poderia aparecer antes da construção do real. Zelia Ramozzi-Chiarottino propõe, nesse sentido, que nesse caso os "quadros sensoriais", se transformem imediatamente em "quadros imagísticos":

Nossa hipótese é a de que os *"borderline"* tenham adquirido a função semiótica precocemente e lá onde as crianças normais formam quadros sensoriais, estes formam quadros imagísticos, mentalmente representados por intermédio de imagens. *Os quadros imagísticos seriam os quadros sensoriais representados como entidades discretas (no sentido matemático), sem inserção no espaço e no tempo, uma vez que estes ainda não foram construídos. Decorreria daí sua não evolução ou não transformação no decorrer da existência.*

A criança *borderline*, segundo nossa hipótese, seria aquela que muito precocemente construiu as estruturas mentais (orgânicas) e adquiriu a capacidade de construir imagens (graças à função semiótica) também muito precocemente e **antes da construção do real**. O comportamento *borderline* seria resultado de uma quebra da sequência necessária das construções endógenas responsáveis pelo ato de conhecer. (Ramozzi-Chiarottino, 1992/2006)

Se, de fato, a função semiótica se estabelece antes do desenvolvimento da construção do real, entendido como espaço tridimensional, tempo linear e causalidade, isto implicaria um desenvolvimento da linguagem e do pensamento com diminuta participação de esquemas motores. Com efeito, na ausência dos referentes físicos implicados no exercício dos esquemas motores, o pensamento só pode utilizar as palavras de modo puramente convencional. Observe-se, contudo, que se trata aqui de uma convenção autóctone e privativa a cada sujeito.

É verdade que, mesmo nos casos de "obediência ao creodos", as primeiras locuções e signos verbais possuem esse mesmo caráter privativo, insular. Mas tal insularidade se restringe aos primeiros signos semânticos, não aos seus referentes imagísticos. Posteriormente, do mesmo modo que o *in-fans* acomoda seus esquemas após novas assimilações, igualmente a criança que começa a falar transformará seu *idioleto* na linguagem natural compartilhada com seu grupo linguístico.

A *"natureza axiomática" da* posição fóbica central

Tal antecipação da capacidade de representar geraria uma semântica anômala não na estrutura formal dos signos, mas na carência de referentes de tais signos na experiência sensório-motora do sujeito. Tal semântica anômala, por sua vez, estaria na origem de um outro funcionamento problemático, aquele de um sistema fechado de implicações lógicas feitas pelo sujeito sobre tais *quadros imagéticos*. Note-se, assim, que nos casos de antecipação da função semiótica, as implicações significantes se realizam sem qualquer limitação prévia oriunda do exercício e da adaptação dos esquemas sensório-motores. De modo que toda atribuição de causalidade, ao se construir sobre *imagens mentais* precocemente estabelecidas, prescinde da adaptação ao real que normalmente ocorre com a obediência ao *creodos*. É nesse sentido que as implicações significantes acabam funcionando de modo privilegiado segundo as regras de coerência que vigoram de modo absoluto na Lógica Formal e não segundo a causalidade inerente às experiências físicas do sujeito.

Assim, a criança em cujo desenvolvimento ocorreria a *inversão do creodos* tende a integrar uma cena traumática que seria apenas um *quadro sensorial* do período sensório-motor em um *sistema lógico* formado de imagens. Quando este sistema lógico é recalcado, a experiência cotidiana ainda guarda dele a dor, a angústia e o medo por ele ressignificados. Desse modo, o sujeito continua a buscar novas causas para tais afetos, como um significado que, em busca de seus significantes, estivesse sempre pronto para se colar a situações absolutamente contingentes. Segundo penso, é desse modo, isto é, enquanto uma *matriz fixa de significações*, que tal sistema adquire um funcionamento interpretativo frente às novas experiências. Em seu progresso interpretativo, as novas situações dolorosas confirmam as antigas, estabelecendo entre si relações de homologia. Assim como os galhos de uma árvore, formam-se verdadeiras *estruturas de rede de significações*, que são sentidas e racionalizadas pelo sujeito como necessárias.

O fechamento de tais sistemas a qualquer experiência futura seria consequência, em primeiro lugar, da natureza formal, isto é, sem referentes reais, dos quadros imagísticos provenientes de tal inversão. Em segundo lugar, da possibilidade de uma verdadeira axiomatização das relações entre os conteúdos, tornada possível, precisamente, pela natureza formal dos quadros imagísticos.

O caráter doloroso das primeiras implicações, construídas a partir do trauma sofrido, se articula então àquele da primeira dor sofrida, constitutivamente inacessível à palavra. Ora, tudo que possa trazer à tona essas relações entre os núcleos de inferências passa a ser evitado pelo sujeito sob o risco de uma desestruturação egoica. O discurso organizado a partir da *posição fóbica central* se constituiria de modo inverso, porém homólogo, a tais implicações arcaicas. Com efeito, segundo Green, o evitamento sistemático de toda e qualquer inferência que possa trazer à tona as relações entre os múltiplos núcleos de inferências supõe a antecipação das mesmas relações, nisto reside a homologia entre as relações de implicação e seu evitamento.

As formas implicativas que estruturam esse segundo discurso são homólogas às presentes nas relações lógicas de origem, construídas sobre os quadros imagísticos. Isto constitui uma modalidade de repetição do discurso inconsciente paralela àquela presente na associação-livre, construída por deformações e "acidentes" de conteúdo, como o ato falho. Não se trata ali do retorno das mesmas representações deformadas, mas daquele das mesmas relações, nesse sentido, pode-se falar, em meu entender, de uma determinação sintática do discurso. Naquilo que interessa a abordagem da linguagem pela psicanálise, o sujeito não relaciona coisas, mas sim relações:

> Catarina, entrando pela porta do consultório, me pergunta: "Qual a origem da tristeza?". Ainda em pé, pergunto o porquê daquela questão. Sua análise estava nas primeiras semanas, e ainda não havia me habituado a ser sistematicamente pego de surpresa com alguma declaração, descoberta ou ação desnorteadora dessa jovem mulher extremamente bela e inteligente, adotada com dois dias de vida, e então com cerca de trinta anos.

> Seus pais adotivos eram loiros, de classe média alta. Ela tinha traços negros. Quando criança, escutava frequentemente perguntarem se ela era filha da empregada. Ao passar pelas crianças nos semáforos, pensava sempre: "E se eu não tivesse sido adotada? Poderia ser eu aquela ali, eu poderia ser uma puta ou já estar morta...". Seu maior terror ao longo da infância era a possibilidade de que sua mãe biológica viesse buscá-la de sua casa. Seu grande alívio ocorreu quando

completou doze anos, pois sabia que, em nessa idade, o juiz levava em conta a vontade das crianças na decisão da guarda.

A cor de sua pele parecia, do ponto de vista de um núcleo inconsciente de relações lógicas, não um sinal de que fora adotada, mas sua causa: era perceptível um desinvestimento generalizado de seu corpo, que parecia não dever existir, apenas suas palavras. Não se via no espelho, podia se pentear os cabelos diante dele, mas não se olhava. Quando tinha dois anos, estava com a mãe no quarto, ela lhe fazendo carinho, foi então que o sol bateu em sua perninha e ela a escondeu debaixo dos lençóis. A mãe perguntou por que ela fizera isso, e ela respondeu: "Para a gente não ficar diferente". Era fascinada pelas máscaras, e desde sua crise, pensava assustada e atraída na possibilidade de tirar sua máscara de menina boazinha, gentil, estudiosa, competente...

Certo dia começou dizendo que não tinha pensado em nada para me falar. Respondi que poderia começar de qualquer lugar, que não faria diferença. Após alguns instantes de silêncio retomou a questão da diferença de um modo aparentemente concreto, e, ao mesmo tempo, profundamente abstrato: "Sabe, sempre que me deito aqui, me chama a atenção que ali no teto, de um lado, tem uma bolinha de gesso, e logo mais ali, olhe, tem um furinho. Fico sempre imaginando pegar aquela bolinha e preencher aquele furinho"...

Contava, outra vez, do que sabia da instituição onde fora adotada: uma instituição religiosa na cidade S*. Perguntei se ela sabia o nome. Respondeu: "Não! Do jeito que eu sou, eu não ia parar: do nome da instituição para o ano que nasci, do ano que nasci para o nome da freira que trabalhava naquela época, do nome da freira para...". Aqui se calou, como quem diz, "a bom entendedor, meia palavra basta".

Fora encaminhada para a análise por seu psiquiatra. Cerca de um mês antes, havia tido uma crise de algumas horas, desencadeada quando preparava suas malas para abandonar a casa e o marido. Durante a crise, batia repetitivamente a cabeça no chão, como se quisesse entrar na terra. Viu cenas da infância, parlendas que havia esquecido desde então, além de uma grande espiral que acompanhava seu desespero de não saber mais de que lado estava a realidade.

Deitada, voltou a perguntar de onde vinha a tristeza. Contou da importância da tristeza em seu dia a dia, uma tristeza sem nome, funda e constante. Citou Gilberto Gil: "Tristeza é senhora...", e também outros poetas, mas não demonstrava nenhum interesse em falar algo que pudesse trazer sua própria história. "Dessa vez, não tem jeito, você vai ter que me dizer alguma coisa. Por que os analistas acham que não podem falar nada? Vá, me diga, o que é a tristeza do ser humano?". Diante de sua insistência, retruquei:

"A tristeza do ser humano não me interessa, apenas a sua, me conte quando você começou a sentir essa tristeza."

Contou então que começou na hora do almoço:

"Estava na casa de minha tia, no jardim quando começou a chover. Fiquei triste quando vi os pingos d'água caindo na piscina."

"Você estava sozinha?"

"Não, estava almoçando com ela e minha mãe. Minha tia estava contando dos preparativos do casamento da filha dela, minha prima, e minha mãe comentou comigo, muito animada, que o quarto do bebê já estava todo preparado.... ah! agora entendi."

Seu silêncio era, simultaneamente, de alívio e de dor. Uma semana antes, havia pela primeira vez admitido que estava sendo difícil aguentar a separação do marido. Até então, se vangloriava da indiferença que sentia diante do fato. Quando retomou a fala, foi para se mostrar inconformada de haver ficado tão triste por tão pouco. Eles não tinham filhos. Lembrei-a então que, uma semana antes, ela havia tido um sonho onde o ex-marido saía com um filho dos dois nos ombros para passear, e que a tristeza talvez viesse de ela saber que, no caso dela, esse encontro dos três, pai, mãe e criança, não poderia mais acontecer.

A ambiguidade dessa fala tinha um propósito. Na verdade, dois discursos caminhavam aqui entre nós, dois bebês imaginários e talvez muitas tristezas. Pensava na importância do "bebê imaginário" (Stein, 1971) em sua análise. Ela havia comentado sobre sua curiosidade de saber quem eram, e como tinha sido o encontro entre seu pai e sua mãe biológicos. Na puberdade, esteve várias vezes prestes a roubar do laboratório da escola um dos fetos conservados em vidro. Eram vinte e poucos fetos, dispostos em uma fileira em ordem crescente, do estado de embrião até os nove meses. Tinha particular atração por um deles, que fora abortado quando tinha uns seis meses: "Um todo clarinho... os outros tinham umas manchas pretas". Um dia chegou a colocar o vidro em sua mochila, mas depois retirou e colocou-o de volta no lugar, com medo de ser pega. Queria levá-lo para seu quarto e colocá-lo ao lado de sua cama. Queria abrir o vidro e tocar nele. Disse que nunca tinha contado para ninguém, e perguntou-me se eu não achava aquilo estranho. Respondi que achava que esse era um jeito de ela imaginar a vida na barriga de sua mãe. Saiu da sessão dizendo que iria pegar aquele bebê.

Uma semana depois, contou-me que gostava de cheirar as coisas, e de sentir seu gosto. Já tinha sentido o gosto de terra, prego enferrujado, asfalto, pena de passarinho, pelo de cachorro, gasolina, cabo de guarda chuva, etc.... Não era comer, não engolia essas coisas que punha na boca, queria sentir o cheiro e o gosto. Seu maior desejo era cheirar um morto, mais precisamente, cheirar alguém no instante de sua morte. Isso quase aconteceu uma vez, quando estava jantando com o marido em um restaurante ao ar livre. Uma mulher embriagada, dirigindo um carro fora baleada por um segurança praticamente em sua frente. Quando viu, ela saiu correndo para o lugar dos tiros, e, ao lado do carro, viu pela janela a mulher ensanguentada e sem vida no banco do carro. Tocou então em seu pescoço, que ainda estava quente, mas sem batimento cardíaco. Com um gesto com a mão, tentou colher o último hálito fechando-a na frente da boca da morta, para, em seguida, abri-la na frente de sua própria boca e aspirá-lo. Mas seu marido a havia alcançado e a arrancou dali à sua revelia.

Ao terminar o relato, seu tom era desafiador, ainda que parecesse assustada com o prazer que sentia. Comentei que, também aqui, talvez se tratasse de conhecer a passagem entre a morte e a vida, coisa que permitiria que ela soubesse como nasceu. Algo se acalmou.

Ainda que não haja traços nesta paciente do que Green denomina de posição fóbica central, enquanto evitamento de relações entre núcleos traumáticos, esta passagem ilustra a natureza antecipatória das implicações lógicas, que seria realizada por meio de antecipações e pelo evitamento de suas conclusões. Penso que a violência psíquica à qual esta analisanda está exposta pode ser mais bem compreendida a partir do que Ana Sigal tem desenvolvido a respeito dos avatares do recalcamento originário e suas relações com as psicopatologias contemporâneas (Sigal, 2000, 2001, 2003). A partir do conceito de significante enigmático de Jean Laplanche, Sigal sugere a hipótese que nem sempre o recalcamento originário se estabelece, comprometendo a própria estruturação do aparelho psíquico em sua separação consciente/inconsciente. As representações originárias aparecem então como "elementos não ligados" ou como "significantes-dessignificados" (2003, p. 64). Penso que é esta a natureza das lembranças de Catarina durante sua crise. Ana Sigal chama a atenção para as mudanças da modalidade das intervenções do analista que tal compreensão etiológica implica, indicando a importância das construções como um modo de possibilitar a entrada das representações coisa nos circuitos das representações palavra (Idem). Em tais situações, a economia psíquica seria aquela ligada aos processos de *desfusão pulsional* (Silva Jr., 2003, 2006; Kuperman, 2003), as quais comprometem o equilíbrio entre o autoerotismo e o narcisismo (Cardoso, 2005), sendo frequentes em neuroses graves e em outras psicopatologias. Em comum, tais quadros convidam igualmente a uma convergência na técnica, uma vez que exigem uma escuta diferenciada, uma *escuta-ligação*, segundo a expressão de Maria Helena Fernandes

(Fernandes, 1999), onde a escuta passa a operar em sua função de libidinização (Fernandes, 2006). Interesso-me aqui, contudo, pelas estruturações lógicas inconscientes que, em tais casos, se mostram mais claramente que nas "neuroses leves". De fato, tais estruturações possuem, segundo minha hipótese, um caráter transnosográfico, o que implica que podem ser clinicamente significativas em patologias diversas dos quadros *borderline*, como a melancolia ou a perversão (Ferraz, 2000). No exemplo acima, entre as formas lógicas do discurso inconsciente e aquelas do discurso consciente, estabelecem-se, mais precisamente, relações de homologia de valores inversos, a exemplo do mecanismo da "negação" descrito por Freud.

No interior de um sistema explicativo autorreferente, as primeiras inferências ligadas, em geral, a experiências traumáticas, passam a funcionar analogamente às premissas de um axioma nas demonstrações lógico-matemáticas: funcionam como um *Princípio explicativo* que se trata, doravante, de demonstrar. A impermeabilidade das fantasias inconscientes à experiência da realidade foi, nesse sentido, comparada por Daniel Widlöcher à função das premissas em um silogismo:

> [...] em que, por exemplo, o fantasma inconsciente funciona como um princípio lógico? No caso, o plano psicanalítico parece mais adequado para explicar por que se delira (o que o outro quer comigo?) e o plano lógico, como se delira. As leis-ponte nos permitem então passar de um nível a outro a partir de um questionamento preciso: de que modo o fantasma

inconsciente ("Quem entra em mim para me destruir?", por exemplo), transformado em principio lógico, opera como um agente de uma lógica natural particular. Reencontraríamos aqui o "prôton pseudos". (Widlöcher, 1992, p.254)

O termo leis-ponte (*bridge-law*), oriundo da jurisprudência, visa sublinhar a importância de se investigar as possíveis regras de articulação entre o registro econômico e a estruturação lógica das fantasias. Ora, Widlöcher retoma as investigações de Anderson (1962, p. 238), historiador da psicanálise, segundo o qual, o primeiro sentido do *prôton pseudos* é precisamente aquele de um núcleo fantástico de premissas.

Na época, Freud teria tido a ocasião de escutar comunicações científicas de um certo Dr. Hertz, que se apresentava como seguidor de uma tradição kantiana para desenvolver uma "psiquiatria crítica" segundo a qual, precisamente, a doença mental resultava de uma anomalia lógica, cuja premissa se tratava de reencontrar, ou seja, o erro inicial, o "prôton pseudos", para tentar reeducar seu curso. (Widlöcher, 1992, p. 252)

Antes de vir a encontrar sua função na metapsicologia freudiana como origem do conceito de fantasias inconscientes, a expressão aristotélica *prôton pseudos* (Aristóteles, Primeiros Analíticos, B, 66 b, 18 *apud* Lalande, op. cit. 847) nasce, com efeito, voltada para uma vocação francamente lógico-formal.

Nossa hipótese a respeito da natureza axiomática das fantasias inconscientes não representa assim uma redefinição desse conceito a partir do campo da Lógica Formal, mas o resgate de seu primeiro sentido na teorização freudiana.

A organização dos núcleos traumáticos na origem da *posição fóbica central* sendo uma organização lógica, as representações em jogo não serão apenas imagens justapostas, mas devem possuir uma estrutura organizada num sistema fechado. Nos quadros imagísticos da *posição fóbica central*, as premissas estariam inteiramente integradas em um sistema lógico. Uma vez que esse sistema funciona analogamente a um modelo científico axiomatizado da realidade, não há porque colocá-las em dúvida. Conta-se que Einstein respondeu com extrema indiferença a um colega que, animadíssimo, telefonou-lhe para dizer que sua Teoria da Relatividade havia sido confirmada pelo desvio da luz de uma estrela. Diante de tal indiferença, o colega, indignado, perguntou: "E se os fatos não tivessem confirmado sua teoria?". Ao que Einstein, inabalável, teria respondido: "Nesse caso, os fatos estariam errados".

Pausa: A determinação lógica, um ponto de vista em psicanálise

Minha intenção neste trabalho não foi somente demonstrar a pertinência das determinações lógicas como um fator determinante de alguns casos *borderlines*, como também da própria estrutura do aparelho psíquico. A meu ver, o interesse da introdução do ponto de vista lógico, elemento particularmente visível no discurso *borderline*, é o de permitir redefinir todo um campo de problemas para a psicanálise. Diria, nesse sentido, que se confirma aqui aquilo que André Green tem afirmado sobre a pertinência das patologias dos estados-limites, ou *borderline*, a saber, que se trata de um *novo paradigma* em psicanálise [9], e, portanto, um elemento importante para seu progresso conceitual.

O progresso de uma ciência exigiria, segundo Granger, um passo no sentido de sua auto determinação conceitual. Este passo dependeria de uma "determinação, simultaneamente positiva e negativa do que será doravante o objeto, o campo de investigação de uma ciência: a instituição de uma categoria" (Granger, 1987, p. 12). Diferentemente de um simples conceito, uma *nova* categoria impõe "o estabelecimento e a determinação de um domínio de objetividade" (Ibid., p. 10).

A meu ver, é precisamente este o mérito da reintrodução do ponto de vista das determinações lógicas, uma vez que tal operação teórica "dá a ver" novas realidades no interior do campo psicanalítico. Assim, por exemplo, se o *modelo freudiano* de associação-livre ilumina processos essencialmente semânticos, na medida em que coloca em relevo determinações do

---

[9] Cf. por exemplo, Green, A. "Genèse et situation des états-limite", in: André, J. *Les états-limites. Nouveau paradygme pour la psychanalyse.* P.U.F. 1999; Green, "L'analyste, la symbolisation et l'absence dans le cadre analytique", *Nouvelle Revue de Psychanalyse*, Nº. 10, 1974, pp. 225-258.

sintoma e outras formações psíquicas pela *morfologia do signo*, o *modelo sintático* ilumina, por sua vez, a determinação lógica imposta às associações e outras formações psíquicas. Não se trata, naturalmente, de substituir a abordagem semântica por aquela de uma sintaxe lógico-matemática, mas de ampliar os "domínios de objetividade" da teoria e, consequentemente, da clínica psicanalítica.

Isto é possível, a meu ver, se considerarmos, a título de *hipótese experimental*, como diria Freud, que as implicações significantes possuam um estatuto constitutivo no psiquismo. As implicações significantes, tal como sugerido por Piaget a partir de suas pesquisas sobre a gênese da cognição, seriam processos originários do psiquismo. Esta hipótese, uma vez transposta para o campo psicanalítico, permite considerar a participação das determinações lógicas tanto nos processos normais quanto patológicos. É em tal sentido que a descrição das determinações lógicas vale, a meu ver, enquanto um ponto de vista potencialmente transnosográfico na psicopatologia psicanalítica. Em outras palavras, as determinações lógicas possuem uma vocação fundamentalmente metapsicológica, na medida em que podem ser consideradas enquanto uma forma de descrição de processos psíquicos como tais, a mesmo título que a descrição tópica, dinâmica e econômica.

Referências

AB'SÁBER, T.A.M. *O sonhar restaurado: formas do sonhar em Bion, Winnicott e Freud*. São Paulo: 34, 2005.

ANDERSON, O. *Studies in the prehistory of Psychoanalysis*. Stockholm: Scandinavian University Book, 1962.

ANDRÉ, J. *Les états-limites: un nouveau paradygme pour la psychanalyse*. Paris: PUF, 1999.

APPEL, K.O. *L'éthique à l'âge de la science: l'a priori de la communauté communicationnelle et les fondements de l'éthique*. P.U.L., s/d.

ASSUMPÇÃO Jr. *Psiquiatria: da magia à evidência*. Barueri: Manole 2005.

BERLINCK, M. *Psicopatologia fundamental*. São Paulo: Escuta, 2000.

BUNGE, M. et al. *Les théories de la causalité*. Paris: PUF, 1971.

CARDOSO, M.R. (org.) *Limites*. São Paulo: Escuta, 2004.

CARDOSO, M.R. A servidão ao "outro" nos estados-limites. *Psychê*, 16:65-76, 2005.

CASSIN, B. *Aristote et le logos*. Paris: PUF, 1997.

CHAPMAN, L.J. & CHAPMAN, J.P. *Disordered thought in schizophrenia*. New Jersey: Prentice Hall, Englewood Cliffs, 1973.

CHOMSKY, N. *Reflections on language*. Glasgow: Fontana-Colins, 1976.

COELHO Jr., N. A força da realidade na clínica freudiana. São Paulo: Escuta, 2001.

DAVID-MÉNARD, M. (1990) A loucura na razão pura. Kant, leitor de Swedenborg. São Paulo: 34, 1996.

DE BONIS, M. Raisons et déraisons: analyse des figures de raisonnement illogique dans "L´histoire du précédent écrit" de Jean-Jacques Rousseau. Revue Internationale de Psychopathologie, 6:181-211, 1992.

DELOUYA, D. Epistemopatia: o conhecimento na clínica psicanalítica. São Paulo: Casa do Psicólogo, 2003.

——————— A palavra e seus poderes em Freud. Ide, 30(40), 40-44, 2007.

DE MAURO, T. Minisemantica. Roma: Laterza, 1982.

——————— Une introduction à la sémantique. Paris: Payot, 1969.

DUNKER, C.I.L. Estrutura e constituição da clínica psicanalítica. Tese de Livre-Docência. Instituto de Psicologia da Universidade de São Paulo, 2007.

FERNANDES, M.H. L'hypocondrie du rêve et le silence des organes: une clinique psychanalytique du somatique. Villeneuve d'Ascq: Presses Universitaires du Septentrion, 1999.

——————— Corpo. São Paulo: Casa do Psicólogo, 2003

——————— Transtornos alimentares: anorexia e bulimia. São Paulo: Casa do Psicólogo, 2006

FERRAZ, F.C. Perversão. São Paulo: Casa do Psicólogo, 2000.

FIGUEIREDO, L.C. Psicanálise: elementos para a clínica contemporânea. São Paulo: Escuta, 2003.

FIGUEIREDO, L.C. & CINTRA, E.U. Lendo André Green: o trabalho do negativo e o paciente limite. In: CARDOSO, M.R. (org.) *Limites*. São Paulo: Escuta, 2004.

FREUD, S. (1895a) *Studien über Hysterie*. Gesammelte Werke, I, Frankfurt am Main: Fischer Taschenbuch Verlag, 1999.

——————— (1895b) *Entwurf einer Psychologie*. Gesammelte Werke, Nachtragsband, Fischer Taschenbuch Verlag, Frankfurt am Main, 1999.

——————— (1905) *Der Witz und seine Beziehung zum Unbewussten*. Gesammelte Werke, VI Frankfurt am Main: Fischer Taschenbuch Verlag, 1999.

——————— (1911) *Formulierungen über die zwei Prinzipien des psychischen Geschehens*. Gesammelte Werke, VIII Frankfurt am Main: Fischer Taschenbuch Verlag, 1999.

——————— (1913) *Zur Einleitung der Behandlung*. Gesammelte Werke, VIII Frankfurt am Main: Fischer Taschenbuch Verlag, 1999.

——————— (1914) *Zur Einführung des Narzissmus*. Gesammelte Werke, X Frankfurt am Main: Fischer Taschenbuch Verlag, 1999.

——————— (1915a) *Triebe und Triebschicksale*. Gesammelte Werke, X Frankfurt am Main: Fischer Taschenbuch Verlag, 1999.

——————— (1915b) *Das Unbewusste*. Gesammelte Werke, X. Frankfurt am Main: Fischer Taschenbuch Verlag, 1999.

——————— (1925) *Die Verneinung*. Gesammelte Werke, XIV Frankfurt am Main: Fischer Taschenbuch Verlag, 1999.

FUKS, L. A insistência do traumático. In: FUKS, L.B. & FERRAZ, F.C. (orgs.) *A clínica conta histórias*. São Paulo: Escuta, 2000.

FUKS, M. Questões teóricas na psicopatologia contemporânea. In: FUKS, L.B. & FERRAZ, F.C. (orgs.) *A clínica conta histórias*. São Paulo: Escuta, 2000.

GRANGER, G.-G. *Pensée formelle et sciences de l´homme*. Paris: Aubier-Montaigne, 1967.

——————— *Langages et épistémologie*. Paris: Klincksieck, 1979.

——————— *Leçon inaugurale: chaire d´Épistémologie Comparative*. Paris: Collège de France, 1987.

——————— *A Ciência e as ciências*. São Paulo: UNESP, 1994.

GREEN, A. *Le discours vivant*. Paris: PUF, 2004.

——————— L'analyste, la symbolisation et l'absence dans le cadre analytique. *Nouvelle Revue de Psychanalyse*, 10:225-258, 1974.

——————— *Genèse et situation des états-limite*. In: ANDRÉ, J. *Les états--limites. Nouveau paradygme pour la psychanalyse*. Paris: Presses Universitaires de France, 1999.

——————— *Le temps éclaté*. Paris: Minuit, 2000.

——————— La position phobique centrale: avec un modèle de l'association libre *Revue Française de Psychanalyse*, 3, 2000.

GRIZE, J.-B. Logique et raisonnement: à propos de "Raisons et déraisons" de Monique de Bonis. *Revue Internationale de Psychopathologie*, 6:227-235, 1992.

——————— *Logique naturelle et communications*. Paris: PUF, 1996.

GURFINKEL, D. *Do sonho ao trauma: psicossoma e adicções*. São Paulo: Casa do Psicólogo, 2002.

HAAGENSEN, P. E. Comunicação pessoal, 2005.

HABERMAS, J. *Verdade e justificação: ensaios filosóficos*. São Paulo: Loyola, 2004.

HEGENBERG, L. A Lógica e a teoria de Jean Piaget: a implicação significante. *Psicologia U.S.P.* 2 (1/2): 25-32, 1991.

——————— *Dicionário de Lógica*. São Paulo: Pedagógica Universitária, 1995.

HERRMANN, F. *Da clínica extensa à alta teoria: meditações clínicas*. Texto inédito, s/d.

JACOB, R.T. *A imaginação criativa: sistemas lógicos e sistemas de significação não lógico matemática no texto de Werner Heisenberg e na poesia de Carlos Drummond*. Dissertação de Mestrado. Universidade de São Paulo, 2004.

JAKOBSON, R. Dois aspectos da linguagem e dois tipos de afasia. In: *Linguística e comunicação*. São Paulo: Cultrix, 1985.

KANT, I. (1781) *Kritik der reiner Vernunft*. Frankfurt am Main: Suhrkamp Verlag, 1995.

KUPERMANN, D. *Ousar rir: humor, criação e psicanálise*. Rio de Janeiro: Civilização Brasileira, 2003.

LACAN, J. (1932) *De la psychose paranoïaque dans ses rapports avec la personnalité*. Paris: Seuil, 1975.

LALANDE, (1926) *Vocabulaire technique et critique de la philosophie*. Paris: PUF, 1972.

LANTÉRI-LAURA, G.; DEL PISTOIA, L. & BEL HABIB, H. Paranoia. *Encyclopédie médico-chirurgicale*. Paris: France Psychiatrie, 37299 D 10, 10, 1985.

LOFFREDO, A. A noção de representação na metapsicologia freudiana. In: HERRMANN, F. & LOWENKRON, T. (orgs.) *Pesquisando com o método psicanalítico*. São Paulo: Casa do Psicólogo, 2004.

MAHLER, B.A. "Delusional thinking and perceptual disorder". *Journal of Individual Psychology*, 30:98-113, 1974.

MARENGO, J.T.; HARROW, M.; LANING-KELTERING, I. & WILSON, A. Evaluating bizarre idiosyncratic thinking: a comprehension index of positive thought disorder. *Schizophrenia Bulletin*, 12:489-511, 1986.

MÉLEGA, M.P. Linguagem em psicanálise: gênese e significação. *Ide*, 30(40):45-59, 2007.

MEYER, A.V. & SCHAFFA, S.L. Reconstituição da metáfora: a condição de linguagem na análise". *Ide*, 30(40), 19-24, 2007.

MEZAN, R. *Interfaces da psicanálise*. São Paulo: Companhia das Letras, 2002.

PEREIRA, M.E.C. As "loucuras raciocinantes"e a constituição do campo da paranoia na psicopatologia atual. *Revista Latinoamericana de Psicopatologia Fundamental*, 10(2):32-339. 2007.

PESSOA, F. *O livro do desassossego. Composto por Bernardo Soares, ajudante de Guarda-livros na cidade de Lisboa.* (org. Richard Zenith). São Paulo: Companhia das Letras, 1999.

PIAGET, J. La logistique axiomatique ou «pure», la logistique opératoire ou psychologique et les réalités auxquelles elles correspondent. *Methodos: rivista trimestriale di metodologia e di analisi del linguaggio*, 4/13: 81, CLA 1952-4.

——————— Biologie et connaissance. *Diogène. Revue Internationale des Sciences Humaines*, 5: 3-26, 1966.

——————— *La psychologie de l'intelligence*. Paris: Armand Collin, 1967.

——————— A epistemologia genética. *Os Pensadores*. São Paulo: Abril Cultural, 1970.

——————— La causalité selon E. Meyerson. In: BUNGE, M. et al. *Les théories de la causalité*. Paris: PUF, 1971.

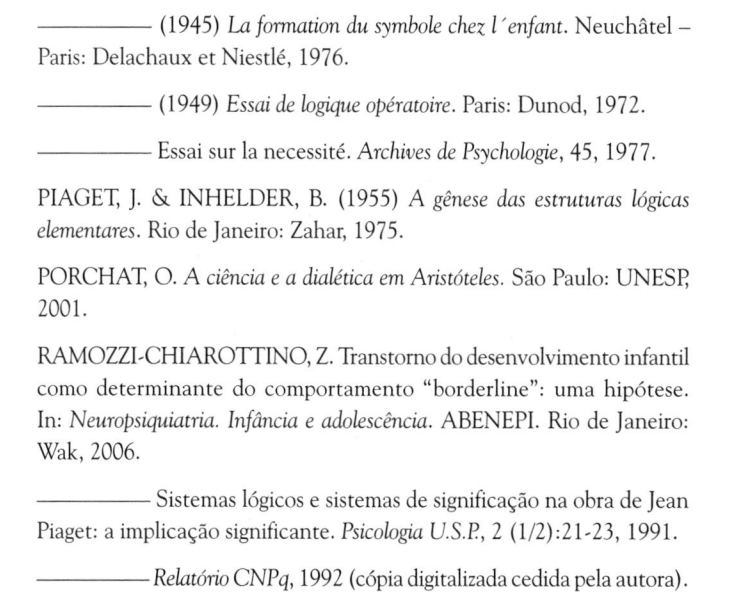

─────────── (1945) *La formation du symbole chez l'enfant*. Neuchâtel – Paris: Delachaux et Niestlé, 1976.

─────────── (1949) *Essai de logique opératoire*. Paris: Dunod, 1972.

─────────── Essai sur la necessité. *Archives de Psychologie*, 45, 1977.

PIAGET, J. & INHELDER, B. (1955) *A gênese das estruturas lógicas elementares*. Rio de Janeiro: Zahar, 1975.

PORCHAT, O. *A ciência e a dialética em Aristóteles*. São Paulo: UNESP, 2001.

RAMOZZI-CHIAROTTINO, Z. Transtorno do desenvolvimento infantil como determinante do comportamento "borderline": uma hipótese. In: *Neuropsiquiatria. Infância e adolescência*. ABENEPI. Rio de Janeiro: Wak, 2006.

─────────── Sistemas lógicos e sistemas de significação na obra de Jean Piaget: a implicação significante. *Psicologia U.S.P.*, 2 (1/2):21-23, 1991.

─────────── *Relatório CNPq*, 1992 (cópia digitalizada cedida pela autora).

─────────── *Em busca do sentido da obra de Jean Piaget*. São Paulo: Ática, 1994.

─────────── Piaget selon l'ordre des raisons. *Bulletin de Psychologie*, 51(3):333-343, 1998.

ROUDINESCO, E. & PLON, M. *Dicionário de psicanálise*. Rio de Janeiro: Zahar, 1997.

SCHAFFA, S.L. Freud e o pensamento por ruptura de campo. *Percurso*, 36:33-40, 2006.

SEIBERT, V. *O resgate das funções mentais representadas pelos agrupamentos prático e operatório do modelo hipotético-dedutivo de Piaget nas organizações afetivas em Freud*. Tese de Doutorado. Instituto de Psicologia da Universidade de São Paulo, 2003.

SÉRIEUX, P. & CAPGRAS, J. (1909) *Les folies raisonnantes: le délire d'interprétation*. Marseille: Lafitte, 1982.

SIGAL, A.M.S. Francis Bacon e o pânico. In: FUKS, L.B. & FERRAZ, F.C. (orgs.) *A clínica conta histórias*. São Paulo: Escuta, 2000.

—————— O arcaico nas psicopatologias contemporâneas. *Revista Latinoamericana de Psicopatologia Fundamental*, 4(4), 2001.

—————— O originário: um conceito que ganha visibilidade. *Percurso*, 15(30), 2003.

SILVA Jr., N. Metodologia psicopatológica e ética em psicanálise: o princípio da alteridade hermética. *Revista Latinoamericana de Psicopatologia Fundamental*, 3(2):45-73, 1999a.

—————— O abismo fonte do olhar: a pré-perspectiva em Odilon Morais e a abertura da situação analítica. *Percurso*, 23:13-22, 1999.

—————— A sublimação na contemporaneidade: o imperialismo da imagem e os novos destinos pulsionais. In: FUKS, L.B. & FERRAZ, F.C. *Desafios para a psicanálise contemporânea*. São Paulo: Escuta, 2003.

—————— O lugar de ninguém: ausência e linguagem na situação analítica. *Percurso*, 31/32: 69-78, 2004.

—————— Sobre a recodificação mercantil do psiquismo e seus efeitos. In: FUKS, L.B. & FERRAZ, F.C. *O sintoma e suas faces*. São Paulo: Escuta, 2006.

—————— "Who's there?": a desconstrução do intérprete segundo a situação analítica. *Ide*, 30(44), 25-31, 2007.

STEIN, C. *L'enfant imaginaire*. Paris: 1971.

TANIS, B. *Circuitos da solidão: entre a cultura e a clínica*. São Paulo: Casa do Psicólogo / Fapesp, 2003.

UCHITEL, M. Em busca de uma clínica para o trauma. In: FUKS, L.B. & FERRAZ, F.C. (orgs.) *A clínica conta histórias*. São Paulo: Escuta, 2000.

VOLICH, R.M. *Psicossomática: de Hipócrates à Psicanálise*. São Paulo: Casa do Psicólogo, 2000.

WIDLÖCHER, D. Des lois-ponts pour la logique naturelle. *Revue Internationale de Psychopathologie*, 6:251-255, 1992.

Impresso por :

Graphium
gráfica e editora

Tel.:11 2769-9056